U0671692

新时代
推进东北振兴的
着力点及对策研究

张万强 著

RESEARCH ON THE FOCUS POINT
AND COUNTERMEASURES OF PROMOTING
THE NORTHEAST REVITALIZATION
IN THE NEW ERA

社会科学文献出版社
SOCIAL SCIENCES ACADEMIC PRESS (CHINA)

前　言

　　中央实施东北振兴战略已经超二十年，取得了显著的阶段性成就，很大程度上解决了历史遗留问题，国有企业改革取得显著成效，重构了微观市场主体，产业竞争力实现提升，营商环境不断改善，百姓收入持续提高，社会大局稳定；但是，体制性、结构性深层次矛盾没有得到根本性解决，科技创新能力滞后，传统产业转型升级不快，新兴产业没有发展起来，新旧动能转换有待加速，这导致2014年以来东北经济增速下滑，深层次矛盾凸显。

　　本书总结了实施东北振兴战略超二十年的总体成效，分析了东北"两个问题"（体制性问题、结构性问题）深层次矛盾的动态变化及当前表征，梳理了新时代东北振兴面临的新形势、新任务、新挑战，重点提出了全力提升市场化水平、增强科技创新支撑能力、着力打破"结构性陷阱"、做大做强民营经济、持之以恒完善营商环境、充分发挥区域比较优势六个推进新时代东北振兴的着力点。

　　笔者认为，"两个问题"贯穿东北工业发展史，是东北老工业基地一直存在和制约地区发展的深层次矛盾。但其表征却一直在发生变化，当前已经转变为传统重化工业的高技术化要求与较低市场化水平制约高新技术要素集聚的矛盾，新产业、新业态、新模式等孕育、成长、壮大的产业生态需求与市场体系不完善制约新经济要素集聚的矛盾，市场化水平低是当前东北深层次矛盾的核心体现。从近些年我国区域经济发展来看，越是市场化水平高的地区，经济发展越稳健，发展动能越持续，市场活力越足，如广东、江苏、浙江地区；越是市场化水平低的地区，经济发展速度越慢，内生动力不足，区域地位下滑，如东北地区。

　　新时代东北振兴要构建以提升市场化水平为目标的振兴政策体系，着力深化国有企业改革，推动市场化改革的一系列制度创新；要充分发挥科技创新资源优势，促进大科学装置等创新平台落地，提升科技成果本地转化率，为国家科技自立自强做出东北贡献；要加快建设以实体经济为支撑的现代化产业体系，提升头部企业本地配套率，推进产业智能化、绿色化、融合化，建设具有完整性、先进性、安全性的现代化产业体系；要毫不动摇鼓励、支持、引导非公有制经济发展，促进民营经济总量和市场主体规模持续扩大，一批大中型民营企业进入国内行业领先地位，"专精特新""小巨人"企业大量涌现，民营经济高质量发展迈入新阶段；要持之以恒优化营商环境，培育大企业顶天立地、中小微企业铺天盖地的发展态势，着力增强市场主体活力；要充分发挥东北在区位、产业、创新等方面的比较优势，构建要素禀赋、技术效率和交易效率所形成的综合比较优势竞争力，切实把发展优势转变为经济社会持续健康发展的动力。

本书为国家社会科学基金项目（编号 19BJY092）最终研究成果，著作出版得到国家社会科学基金资助。辽宁社会科学院的李万军研究员、赵玉红研究员、温晓丽研究员、刘佳杰研究员、兰晓红研究员、王淑娟研究员，中共沈阳市委党校的孙鸿炜副校长，辽宁大学的郭矜教授参与了本书的编写工作。

张万强

2024 年 1 月　沈阳

目　录

第一章 绪论

一 问题提出

老工业区衰落是全球工业化国家通常都会面临的问题，如英国、美国、日本、德国、法国等，特别是 20 世纪 70 年代后，一些发达国家老工业区衰落愈加严重，这带来区域经济快速下滑、企业大量破产倒闭、人口失业率居高不下、人们生活水平下降、人口大量流失等"衰落现象"。如何推进老工业区振兴，这在各国学界、政界、商界等一直在广泛讨论、深入研究、大力推进。学界提出很多理论，如汤普森（1966）提出区域生命周期理论，认为一个工业区像生命体一样要经历从年轻、成熟到老化，不同阶段处于不同的竞争地位；波特（1990）提出"钻石模型"的四要素，认为产业集群易形成区域经济的竞争优势，特别指出这种竞争优势体现在新产品的创新上；克鲁格曼（1991）从规模经济、空间集聚、产业集群等提出了区域创新发展的问题，指出经济全球化引起生产要素加速流动，导致区域不均衡发展加剧。朗德菲尔、马斯科尔（2003）主张推动国家建立创新知识和学习系统，促进老工业区振兴。各国政府都对重振老工业区出台了很多扶持政策，从实践来看，一些老工业区振兴成效显著，如德国的鲁尔、美国的匹兹堡；一些老工业地区深陷凋敝困境，基本无力回天，如美国的底特律；而多数老工业区振兴成效一般，整体来看并不尽如人意。

中国老工业区的形成与发达国家有所不同，更多是由特殊年代、特殊体制导致的。东北地区是在"一五""二五"计划时期以行政力量主导的工业建设，在全国最早建成比较完整的重化工业体系，但是随着计划经济向市场经济的转轨，东北体制机制上的劣势，使得其在区域竞争中处于不利地位，成为典型的老工业区。除了体制机制问题，中国的老工业区与发达国家老工业区面临的问题基本是一样的，即传统产业逐步衰退，而巨大的沉没成本、区域交易费用上升等导致新兴技术、高新技术与老工业区传统产业融合出现障碍，新兴产业也难以发展起来，传统产业难以转型升级，从而出现老工业区区域衰退。2003年以来中央实施东北振兴战略已超二十年，取得了比较显著的阶段性成就，东北地区由"生存问题"变成"发展问题"，其深层次的矛盾尚未根本性解决，特别是2014年以来，东北三省经济增速持续低于全国平均水平。

新时代东北振兴面临着新形势、新任务、新挑战，发展目标已明确，即到"十四五"末期要实现全面振兴新突破，到2035年要基本实现全面振兴、全方位振兴，东北地区要振奋精神、系统谋划、抓住着力点、直击突破口，着力完成全面振兴、全方位振兴任务。

二 研究对象和内容

本课题的研究对象是东北老工业基地深层次矛盾的动态变化，新时代东北振兴面临的核心问题，推进全面振兴、全方位振兴的着力点在哪里，如何通过"提升市场化水平"这一核心目标和衡量标准，明确东北振兴政策方向，避免政策的碎片化，提升振兴政策绩效。

主要研究内容包括十章。

第一章：绪论。针对国内外老工业区振兴的成效及东北振兴发展现状提出研究的背景、主要内容，总结在研究中使用的文献分析、基层调研、计量分析、问卷分析等研究方法，提出主要的创新点和研究的不足。

第二章：老工业区振兴的国内外研究综述。重点分析国外、国内关于老工业区衰退、重振等方面的研究，具体从理论研究、城市功能、生态环境、体制机制、振兴政策、区域合作等方面系统梳理国内外对于老工业区衰退原因、重振对策、典型案例等的分析。

第三章：新时代东北振兴面临的新形势、深层次矛盾的变化及推进全面振兴的总体思路。总结了实施东北振兴战略超二十年的成效，梳理了"两个问题"深层次矛盾的动态变化，分析当前推进全面振兴的主要障碍，提出未来发展的总体思路。

第四章：全力提升市场化水平——基于解决"体制性"问题的着力点。构建了测评市场化水平的指标体系和计量方法，对全国各省（区、市）市场化水平进行了排名，重点比较了东北与长三角、京津冀地区的市场化水平差异，提出研究结论和对策建议。

第五章：增强科技创新的支撑能力——基于构建发展新动能的着力点。指出增强科技创新能力对推进东北全面振兴的重大意义，分析了当前东北科技创新存在的主要问题，基于科技成果转化做了典型问卷调查分析，提出了推进东北科技创新的总体战略和对策建议。

第六章：着力打破"结构性陷阱"——基于解决"结构性"问题的着力点。指出实现结构升级是老工业区重振的关键所在，分析当前东北产业结构面临的主要问题，提出推进东北产业结构升级的总体思路和对策建议。

第七章：做大做强民营经济——基于提升市场主体活跃度的着力点。强调了民营经济加快发展对推进东北振兴的重大意义，分析了当前东北民营经济发展现状、存在的问题，提出未来发展思路和对策建议。

第八章：持之以恒完善营商环境——基于增强政府社会治理能力的着力点。总结了东北营商环境现状，基于营商环境做了典型问卷分析，梳理了仍存在的问题，提出完善营商环境的对策建议。

第九章：充分发挥区域比较优势——基于释放区位、产业等优势和潜力的着力点。分析了研究东北比较优势的重大意义，总结了当前东北地区仍存在的十大比较优势，提出充分发挥比较优势的对策建议。

第十章：构建长周期发展动力机制推动东北全面振兴实现新突破。提出了推进东北思想再解放、增强经济发展动能、恢复和扩大消费、抓住数字经济新赛道、实施更大范围更宽领域更深层次的全面开放、争取国家更多政策支持等构建长周期发展动力的建议。

三 研究方法

一是文献分析法。系统梳理国内外最前沿的相关研究成果，特别是加拿大弗拉瑟研究所、美国传统基金会等著名研究机构和经典作家对市场化和老工业基地振兴的研究成果，以及国内知名学者的学术观点。

二是基层调研法。通过到东北地区基层企业、政府主管部门、行业协会商会等调研，了解第一手情况，发现存在的问题和寻找解决的途径。

三是定量分析法。深入研究如何做出更加科学的数学模型，来测评东北地区的市场化程度，特别是与长三角、京津冀地区的差距，为政策出台奠定基础。

四是定性分析法。很多问题是无法用定量分析法的，定性分析更加重要，如振兴政策顶层设计等。

五是问卷分析法。选取重点企业，针对营商环境、科技成果转化等企业关心的问题进行问卷调查，分析问题，提出建议。

四　主要创新点

本课题在学术思想等方面的特色和创新在于以下几方面。

其一，东北出现问题的原因是多方面的，但其中必然有一个发挥主导作用的核心因素，笔者认为这一因素就是"市场化水平"，准确定位并有效发挥其积极作用，将其作为新时代东北顶层设计和振兴政策出台的核心和灵魂，对于提升振兴政策的绩效、优化东北经济结构、培育内生增长动力具有重大意义。

其二，国有企业落后的体制机制是东北所有体制机制问题的本源，国企落后的体制机制与政府、银行、民企、社会组织的行为、理念等结合，导致整个区域的经济生态的失衡。因此，解决东北的体制机制问题，必须以推进国有企业的"真改革"为根本。

其三，把战略重点放在结构调整上，特别是在培育新兴产业上。培育新兴产业要转变观念，各种政府产业引导基金要更加注重其"功能性"，不要把追求盈利、追求回报作为目标。元宇宙、区块链等新技术的发展方向目前还不能完全看清楚，投资五年、十年可能也看不到盈利，但如果不抓这些新技术、新产业，东北就将丧失未来，地方财政要舍得为培育新兴产业投资。

五 研究的不足

其一,调研和问卷调查不够全面。本课题立项以来,适逢三年新冠肺炎疫情,原定在东北三省大范围的企业调研以及到南方发达地区的典型调研没有按计划完全实施,企业调研、部门调研主要在辽宁,问卷调查的企业也主要在辽宁。对本课题研究成效有一定影响。

其二,数据获得有一定难度。从统计年鉴获得的实施东北振兴战略以来的一些指标数据不连续、不全面,数据的范畴有变动,导致实证分析受到较大影响。

其三,对东北地区央企体制改革、与地方的融合发展、军民融合发展等方面调研和分析由于一些客观原因不够深入,提出对策的科学性、可操作性有待进一步提升。

第二章 老工业区振兴的国内外研究综述

自 20 世纪 70 年代发达国家老工业区衰退、国内 20 世纪 80 年代东北等老工业基地衰退以来，国内外研究老工业区衰退、重振的文献较多，本章从理论研究、城市功能、生态环境、体制机制、振兴政策、区域合作等方面系统梳理国内外学者对于老工业区衰退原因、重振对策、典型案例等的分析。

一 国外关于老工业区研究的文献综述

W. Knapp、Kunzmann 和 P. Schmitt 等人①基于德国西部莱茵鲁尔区区域合作发展方面的问题，提出应从组织运作角度切入，重塑鲁尔区组织、区域治理与未来非经济性能力，认为只有存在确定的协作空间，老工业区才有实施转型的基础，政府在此过程中要不断提升组织建设能力。

Frédéric Leriche 和 Sylvie Daviet②指出拉动老工业区经济发展的因素并非单一的，而是贯穿于社会多层面多角度的，并认为老工业区也可以滋生有创意的文化产业。

Steiner M.，Posch U.③探讨了奥地利"老工业区"的具体特征，以解释老工业地区的发展变化，他认为奥地利"老工业区"处于区域"生命

---

① Wolfgang Knapp, Klaus R. Kunzmann, Peter Schmitt, et al. A Cooperative Spatial Future for RheinRuhr [J]. *European Planning Studies*, 2004, 12 (03).

② Frédéric Leriche, Sylvie Daviet. Cultural Economy: An Opportunity to Boost Employment and Regional Development? [J]. *Regional Studies*, 2010, 44 (07).

③ Steiner M., Posch U.. Problems of Structural Adaptation in Old Industrial Areas: A Factor-Analytical Approach [J]. *Environment and Planning A*, 1985, 17 (08).

周期"的最后阶段，通过运用因素分析方法区分奥地利的区域结构，发现各区域之间的特征有着明显的差异，且老工业区的衰退和低效源于缺乏竞争力和适应变化的灵活性不足。

Xiaojun Fan, Shanshan Dai[①] 以沈阳铁西老工业区为典型案例，阐述了工业遗产保护的时空分布；通过构建一个解释框架来说明工业遗产的选择过程。研究结果表明，工业遗产的高度选择性过程和时空转换是由经济、文化和制度因素驱动的。铁西老工业区不是个案，而是反映了中国工业遗产保护的历史和普遍问题，有助于全方位了解我国工业遗产历史。首先，就时间特性而言，我国工业遗产选择过度集中于 1950 年代而忽视了当代工业遗产保护。其次，从空间上看，碎片化的保护模式使工业遗产成为孤岛般的"飞地"，从而影响工业文化的整体形象。另外，就制度因素而言，政府起主导作用，而工人和其他重要利益相关者则缺失。

Bing Long-Fei, Xi Feng-Ming 等[②]利用 Quickbird、Ikonos 卫星影像解译数据研究沈阳铁西老工业区土地利用类型的动态变化和集约利用特征。结果表明，在 2000 年至 2010 年，铁西老工业区在工业用地面积急剧下滑的背景下，公园与住宅、商业服务用地面积均有不同程度增加。园区内环境不断改善，宜居环境水平不断提高。区域功能定位日趋明确，居住、商业功能趋于成熟，土地利用效率不断提高。但铁西老工业区土地集约利用潜力仍有待提升。

Hao Su，Jie Lei[③] 认为老工业区是城市空间结构的重要组成部分，也是城市土地功能重构和城市更新的关键，但在城市发展过程中老工业区暴露出越来越多的问题，其在为城市发展做出巨大贡献的同时，也面临着如何适应社会、经济和城市发展的新问题。通过对包头市城市老工业区空间

---

① Xiaojun Fan, Shanshan Dai. Spatial-temporal Distribution Characteristics of Industrial Heritage Protection and the Influencing Factors in A Chinese City: A Case Study of the Tiexi Old Industrial District in Shenyang [J]. *Journal of Heritage Tourism*, 2016, 12 (03).

② Bing Long-Fei, Xi Feng-Ming, Wang Mei-Ling, Liu Zhe, Wang Zhi-Gang. Intensive Utilization of Land in Tiexi Old Industrial District, Shenyang, Northeast China. [J]. *The journal of applied ecology*, 2014, 25 (01).

③ Hao Su, Jie Lei. The Study of Spatial Form Evolution and Remodeling of Old Industrial Area—The Case of Inner Mongolia Baotou [J]. *Applied Mechanics and Materials*, 2013, 2684 (05).

形态演化阶段的分析，指出了不同层次城市老工业区改造特征，发现旧工业区改造在不同层面重点不同：在个体层面重点是工业遗产保护和有机更新，其在政府层面重点是调整工业用地，使之得到合理利用；在区域层面重点是发挥区域优势、发展区域经济。最后对包头老工业区的改造提出建议，以期重塑老工业区空间、提升城市综合竞争力和促进经济持续、快速、健康发展。

Chang Liu[1] 以谢塘江畔老工业区的更新设计为例，分析了老工业区面临的搬迁和重建等诸多问题，指出建筑设计和景观规划应结合现代语言和新技术，保留老工业区的历史和文化，使老工业区在城市更新中焕发活力，通过低碳的方式振兴老工业区，实现老工业区的可持续发展。

Hong Jiang, SiWei Zhang[2] 分析了苏黎世西部老工业区的更新规划，认为系统全面的目标定位、广泛的论证与决策协作、共存与融合的设计理念是其成功的关键；并将中国的实际情况与苏黎世老工业区发展基础进行对比分析，认为中国老工业区的改造涉及面广、难度更大、需求更迫切；结合我国老工业区改造的现状，研究发现我国老工业区的更新改造实践面临缺乏整体策略，存在效率与公平、短期与长期发展、高效率与高质量的矛盾，工业遗迹的保护与更新方式相对简单等挑战，并在此基础上提出了改造建议。

Nisreen Zahda, Yuichi Fukukawa[3] 分析了东京墨田区老工业区土地所有权变动情况，发现其经历了漫长的去工业化过程，从城市经济学角度出发，发现土地的社会经济属性会影响老工业区的更新改造，以更有竞争力的新产业取代旧产业。

---

[1] Chang Liu. The Creative Sustainable Development Strategy of Old Downtown Areas—A Case Study on the Regeneration of the Old Industrial District beside Xietang River in Shanghai [J]. *Applied Mechanics and Materials*, 2012, 1976 (05).

[2] Hong Jiang, SiWei Zhang. Renewal Strategies for Old industrial Areas in the Post-industrial Age—Take "Zurich-West" in Switzerland as An Example [J]. *Science in China Series E: Technological Sciences*, 2009, 52 (09).

[3] Nisreen Zahda, Yuichi Fukukawa. The Significance of Landownership Change in Old Industrial Districts—The Case of Knitting Industrial Accumulation in Sumida, Tokyo [J]. Architectural Institute of Japan, Architectural Iinstitute of Korea, Architectural Society of China, 2008, 7 (02).

Huayou Zhu, Sibao Ding① 基于产业集聚理论，以沈阳市铁西工业区和长春工业经济开发区为例，分析了两个老工业基地案例，提出将产业区位重建与企业内部改革相结合、加快资源调整和对外开放、将政府机制与市场机制有机结合。

Karel Davids② 以荷兰阿姆斯特丹西北部的高度工业化地区赞斯特雷克为研究对象，认为赞斯特雷克工业区表现出强烈的社区意识和公司之间的高度合作等典型特征，发现其能源基础、产业结构发生了根本变化，最终引发了企业间合作制度的突变。

Lei Pang③ 通过选取工业废水排放量、二氧化硫排放量、废气排放量、粉尘排放量四个污染性指标与一个人均国内生产总值的经济指标，分析东北老工业基地经济增长对辽宁环境污染的影响。结果表明，辽宁经济增长对环境污染的影响并不符合传统的环境库兹涅茨曲线，经济增长对工业粉尘排放量的影响直线上升，而对其他三项污染指标的影响呈现先上升后下降的趋势。结合辽宁省的实际和特点，提出了协调辽宁经济增长与环境保护关系的五条对策和建议，即优化产业结构，促进经济向环境保护方向发展；挖掘市场潜力，促进环保制度创新；加大环保投入，改善环保投资结构；探索循环经济产业化道路；不断提高低碳能源在总能源结构中的占比。

Wang Weiwei④ 基于大数据研究分析了当代老工业基地新建本科院校进行俄语教学的创新发展路径，认为在社会交往日益密切的今天，外语教学变得越来越重要。在分析老工业基地教学原则和工作方法的基础上，他们从大数据分析入手，介绍了老工业基地新升本科院校和俄语初

① Huayou Zhu, Sibao Ding. Reconstruction of Industrial Location in View of Industrial Agglomeration [J]. *Chinese Geographical Science*, 2006, 16 (04).

② Karel Davids. The Transformation of An Old Industrial District: Firms, Family, and Mutuality in the Zaanstreek between 1840 and 1920 [J]. *Enterprise and Society*, 2006, 7 (03).

③ Lei Pang. Research on the Impact of Economic Growth of the Northeastern Old Industrial Base on Environmental Pollution—Taking Liaoning Province as An Example [J]. *IOP Conference Series: Earth and Environmental Science*, 2021, 687 (01).

④ Wang Weiwei. Research on the Development Path of Russian Teaching Innovation in Newly-elevated Undergraduate Colleges in Contemporary Old Industrial Bases based on the Analysis of Big Data [J]. *Journal of Physics: Conference Series*, 2021, 1744 (04).

级阶段的教学，这对老工业区人才培养和对外开放具有非常重要的现实意义。

Linshan Li，Lihui Yang[1]对吉林省老工业基地制造业区域分工模式进行了研究，认为东北振兴多年以来，吉林省制造业仍面临结构转型升级的任务；利用区域专业化指数等分析吉林省制造业区域分工模式的驱动因素。结果表明，资本密集型和技术密集型产业存在一定的区域差异，而劳动密集型产业分布广泛；制造业总体上呈现出专业化的趋势，然而，很少有县市是由一个行业主导的；制造业区域分工模式分为资本、劳动、技术、劳动资本、劳动技术、资本技术及综合区七个方面。最后，从自然条件和经济条件两个方面分析了制造业区域分工格局的主要驱动因素。

Rui Mu，Yan Li 等[2]以中国老工业基地为研究对象，实证检验了中国节能领域政府沟通对节能政策理解的促进作用；笔者认为对节能的政策理解是工业部门自愿节能活动的基础，为了增加对政策的理解，政府沟通被视为帮助企业认识、学习和解释节能政策的一种手段；笔者为政府沟通和政策理解建立了一个概念框架，并区分了政府沟通的三个维度（事前咨询、政策营销和政策培训），以及主观和客观的政策理解。实证结果显示，事前咨询和政策培训对政策理解有显著的正向影响，政策培训的效果略大于事前咨询。特别是，事先磋商的作用在于促进主观的政策理解，而政策培训的作用在于提高客观的政策理解。

Kun Jia，Ya Yuan 等[3]基于 2004～2015 年沛北老工业基地土地数据，运用 ARCGIS 与遥感分析法计算出土地利用变化机制，并以 4 幅遥感影像为基础，对沛北老工业基地的生态服务价值及规模、变动趋势进行定量分析。结果发现：2004 年沛北老工业基地土地和交通用地面积增加，主要

---

① Linshan Li，Lihui Yang. Manufacturing Regional Division Pattern of the Old Industrial Base in Jilin Province [J]. *IOP Conference Series: Earth and Environmental Science*，2019，242（05）.

② Rui Mu，Yan Li，Yan Fu. Can Government Communication Facilitate Policy Understanding Toward Energy Conservation? Evidence from an Old Industrial Base in China [J]. *Sustainability*，2018，10（09）.

③ Kun Jia，Ya Yuan，Kaihua Fu. Evaluation on Ecological Service Value of Peibei Old Industrial Base Based on Land Use Evolution [J]. *Frontier of Environmental Science*，2017，6（01）.

是由于煤炭老工业基地快速发展占用了大量耕地；生态服务价值显著增加的原因在于其湿地与水域面积增加、建设与交通用地面积减少。

박철현①批判性地回顾了市场主义、资源型城市、老工业基地、典型的单位制等概念，从新东北现象的角度认识中国东北地区的社会经济问题，并强调有必要用历史的方法来理解和解释超越这一现象的根本问题；并重点阐述了"老工业城市"的概念、中国东北地区的文化政治，强调了从城市角度分析东北地区问题的重要性。

Huiling Yu②提出进一步推动东北老工业基地振兴发展，应与俄罗斯远东地区经济发展充分建立有效联系，形成联动效应，实现双方优势互补；且根据目前实际情况，东北老工业基地与俄罗斯远东地区的合作存在诸多问题；通过分析双方联动的制约因素，提出相应的对策，以期促进东北老工业基地的振兴和俄罗斯远东地区的发展步入联动发展之路。

Hua Hongjun③认为东北老工业基地为新中国做出了巨大贡献，改革开放以来其衰落的原因在于技术创新能力差、能源和产业结构缺陷，导致生态环境恶化，发展衰弱；他认为低碳经济是应对全球气候变暖、人类经济可持续发展的新经济发展模式，而东北老工业基地实施低碳经济是实现资源能源高效利用、保护环境、振兴经济、转变经济发展方式的最有效途径。

Cheng Bo Hu，Xiaoou Liu④提出深化国有企业改革是老工业基地振兴

---

①　박철현. New Perspective of Research on Northeast Region of China："Old Industrial Ctiy" [J]. *Critical Review of History*，2016，（04）.

②　Huiling Yu. Study on Linkage Development of Revitalization of the Old Industrial Base in Northeast China and Exploitation of Russian Far East Area [A]. 信息化与工程国际学会. Proceedings of 2016 2nd International Conference on Economy，Management and Education Technology（ICEMET 2016）[C].信息化与工程国际学会：计算机科学与电子技术国际学会（Computer Science and Electronic Technology International Society），2016，（05）.

③　Hua Hongjun. On the Way to Developing the Low-carbon Economy in the Northeast Old Industrial Base [A]. Hong Kong Education Society. Proceedings of 2013 International Conference on Economic，Business Management and Education Innovation（EBMEI 2013 V17）[C]. Hong Kong Education Society：智能信息技术应用学会，2013，（06）.

④　Cheng Bo Hu，Xiaoou Liu. Deepening the Reform of State-Owned Enterprises and Accelerating the Revitalization of Old Industrial Bases [J]. *Applied Mechanics and Materials*，2011，1287（05）.

的前提和基础，应大力推进体制机制创新；考虑到老工业基地振兴战略的实施背景，必须遵循新型工业化的要求；实现老工业基地振兴的标志是扩大对外开放与制度创新；并进一步提出要积极推进重点产业结构的优化调整和经济布局的战略性调整。

Xiu Yan Xi[1] 基于东北老工业基地的重要战略地位，首先建立了环境优化机制的低碳评价指标体系，在此基础上运用灰色相对熵方法对东北老工业基地 2002—2007 年的环境优化效果进行了评价；最后利用灰色关联熵模型得出了科学、精确的低碳系统熵变化序列，结果发现东北地区低碳系统的环境优化处于一个循环有序的变化路径中。

Dianwei Qi, Li Li[2] 提出自 2003 年中共中央做出振兴东北老工业基地的重大决策以来，有一部分人抱着等、靠、要的态度，认为只有国家提供贷款、政策、项目，东北老工业基地才能振兴；笔者认为振兴东北老工业基地是一个长期的过程，国家提供的贷款、政策和项目只能解决一时的需求，当务之急仍然是整合人力资本，增强人力资本投资活力；鉴于上述情况，笔者指出了人力资本投资相对于物质资本投资的重要意义，并提出在振兴东北老工业基地的过程中，除了国家提供贷款和项目，当地政府还应转变观念，运用自己的聪明才智，增强人力资本投资的活力，振兴东北老工业基地。

Ying Liu[3] 认为东北老工业基地城市资源枯竭、就业形势严峻，其后续替代产业问题具有不同于一般城市的特点；笔者从未来发展思路的角度探讨了如何促进资源枯竭型城市走替代产业之路，并提出了这一发展思路中的理论原则、政策依据及存在的问题和解决建议。

---

① Xiu Yan Xi. Research on Environmental Optimization Mechanism of the Northeast Old Industrial Base [J]. *Advanced Materials Research*, 2011, 1105 (05).

② Dianwei Qi, Li Li. To Pay Attention to Investment in Human Capital and to Revitalize Old Industrial Bases in Northeast China [J]. *Asian Social Science*, 2010, 7 (01).

③ Ying Liu. The Future Developing Mentality Explore on Following Substitution Industries in Resource-Exhausted Cities at Old Industrial Bases in Northeast [J]. *International Journal of Business and Management*, 2010, 5 (03).

二　国内关于老工业基地研究的文献综述

（一）基于不同老工业区的差异分析和模式总结研究

部分学者将不同老工业区发展进行对比，以期展开相互借鉴、优势互补、合作共赢，实现共同振兴。

蔡炳权、任保平[1]对中国各地老工业基地总体态势和个性差异进行了分析评价，发现多数老工业基地的结构性矛盾仍然突出、老工业区经济发展水平普遍滞后于全国平均水平；在经济转型过程中，不同省份、不同城市甚至是同一城市的不同地区政策调整都呈现不同的特征与规律，导致对当地经济的拉动作用不同。

叶振宇[2]认为我国中西部和东部地区老工业基地自 21 世纪以来陆续进入转型发展的攻坚阶段，总结了代表地方创新的老工业基地振兴发展模式，即以融合促升级、以开放促发展、以改造促提升的徐州模式，加大对传统优势产业改造升级和产业链延伸、培育具有优势的新兴产业的十堰模式，产业、民生、生态环境三维度实施城市转型战略的石嘴山模式，主动谋划实施城市转型、减少对资源型产业的依赖的自贡模式，以及工业遗产保护性开发、服务业驱动发展、投融资市场化运作并举的石景山模式，以期为其他老工业城市振兴发展提供借鉴。

刘艳[3]认为内蒙古东部与东北地区同为大东北经济圈的组成部分，二者互补性明显、合作潜力大，在振兴东北背景下，内蒙古东部与东北存在着资源互补、交通互补、产业和市场互补等得天独厚的机遇。蒙东地区要抓住机遇，选择与东北区域经济合作的有效模式，制定统一规划、充分发挥资源优势、加快和完善市场体系建设，走可持续发展的振兴之路。

---

① 蔡炳权，任保平. 中国老工业区的个性差异及政策取向 [J].重庆工商大学学报（西部论坛），2007（05）：24 - 29.

② 叶振宇. 中西部和东部地区老工业基地振兴发展的五种模式与解构 [J].改革，2017（08）：94 - 99.

③ 刘艳. 振兴东北老工业区与内蒙古东部地区经济发展之对策 [J].西北民族大学学报（哲学社会科学版），2014（03）：146 - 149.

夏添①对大都市老工业区的典型代表上海杨浦老工业区、跨区域老工业区的典型代表东北老工业区进行了对比分析，认为二者的共性在于产业人口都具有明显工业衰退区的特征、二者转型受阻碍本质上都是产业结构单一；二者的区别在于：上海杨浦老工业区综合采用了融合联动发展策略，在激发创新能力方面做出积极探索，并培育发展了新兴产业；而对于二元经济特征明显的东北老工业区来说，转型中采取的是升级与转型并进的战略。从结果来看，两者的发展都取得了相对不错的成果，但杨浦老工业区更优于东北老工业区。

许永继、徐林实②阐述了东北老工业基地与俄罗斯远东地区区域联动发展的理论依据和紧迫性、必然性，以及二者联动发展面临的挑战，认为中俄东部地区老工业区现代化发展之间具有相似性、可比性和互补性，彼此的振兴发展过程需要强强联合建立共同体协同发展。并提出实现东北老工业区的振兴发展，需要通过技术合作、强强联合达成战略对接，从而实现两国工业区的共同繁荣发展。

（二）基于国外典型经验提出我国老工业区振兴路径的研究

部分学者对国外老工业区改造的典型案例进行研究，特别是对德国鲁尔工业区转型的成功经验分析比较多，并就如何借鉴国外成功经验推进国内老工业区振兴提出建议。

王颖③对国内外老工业基地振兴政策进行了对比分析，概括了国外老工业基地在人员安置、国家扶持、产业调整、扶持环境改善等方面的政策措施，以及国内老工业基地在人才、民营经济扶持、产业调整等方面的政策措施，认为国内外老工业基地在振兴政策方面存在产业结构调整问题、财政支持问题、大量人口就业问题和政策环境问题等共性问题，提出我国应加快国有企业改制和重组的步伐、进一步加大国家扶持的力度、创造良

---

① 夏添. 跨区域老工业区与大都市老工业区转型路径对比——以上海杨浦老工业区和东北老工业区为例 [J].上海经济研究，2015（06）：123 – 129.

② 许永继，徐林实. 中俄东部老工业区复兴联动发展研究 [J].哈尔滨商业大学学报（社会科学版），2019（03）：106 – 115.

③ 王颖. 国内外老工业基地振兴政策的比较分析 [J].辽宁经济，2006（08）：20 – 21.

好的软硬环境。

张启元①阐述了德国鲁尔工业区、法国洛林工业区、美国五大湖工业区、英国以伦敦为核心的大工业城市群、意大利的西北部工业区转型基本经验，其主要做法有调整传统产业布局、实现产业结构多样化、发展高科技产业、推动工业结构优化升级、把安排就业作为优先考虑的目标、必要的资金投入等，在此基础之上结合辽宁发展现况，提出相应的政策启示。

崔岩②介绍了高速增长时期日本工业区域发展建设的基本状况，以及日本工业区域发展的经济合理性与发展机制，并提出建立有效发挥作用的市场体系、深化国有企业改革、大力促进中小型民营企业的发展、加强城市圈规划和建设等政策启示。

刘颖③认为应充分发挥信息技术在振兴东北过程中的重要作用，分析了法国洛林地区传统产业以及德国北威州老工业区成功转型、再现辉煌的典型经验，强调了信息技术在推动传统产业改造和转型过程中的重要作用，结合我国老工业基地利用信息化改造传统产业的现状，提出加大力度推进企业信息化、重点抓好工业电子技术及其产业的发展、抓好信息技术应用平台建设等建议。

景跃军④探析了欧盟区域政策对老工业区改造的积极作用，他将欧盟区域政策的阶段划分为以国家利益为主、以强化区域调控为主、进一步加强区域聚合力、分散的区域政策四个阶段，认为欧盟区域政策具有明确的区划标准与目标、有制度基础和组织保证等特点，同时介绍了作为欧盟区域政策重要工具的结构基金，以及欧盟区域政策促进老工业区振兴的经济效益和社会效益，着重分析了德国鲁尔老工业区改造的成功案例，提出老工业区改造需要各级政府的共同努力，加大科技、教育、培训的力度，充

---

① 张启元. 从国外老工业区的转型看辽宁老工业基地的振兴 [J]. 理论界，2004（04）：25 - 27.

② 崔岩. 高速增长时期日本工业区域的建设与中国辽宁老工业基地振兴 [J]. 日本研究，2004（02）：39 - 47.

③ 刘颖. 国外发展信息技术经验对东北老工业基地振兴的启示 [J]. 黑龙江对外经贸，2011（08）：111 - 112.

④ 景跃军. 欧盟区域政策的作用及对中国东北老工业基地振兴的启示 [J]. 人口学刊，2007（05）：50 - 54.

分利用老工业区的废弃建筑物，综合考虑经济社会和环境问题等政策
启示。

杨雪[①]梳理了法国东北老工业区改造的政策发展历程，总结了洛林和
诺尔 - 加莱工业区为实现成功转型所采取的主要措施，重点阐述了法国重
振老工业区的相关就业政策和措施，认为我国东北老工业基地应调整经济
结构、建立和完善劳动力市场、通过政府政策解除企业与下岗人员的劳动
关系、发展职业教育和在职培训使下岗职工明确市场化信息、鼓励中小企
业发展等，以解决老工业区的衰退和失业问题。

葛竞天[②]认为东北老工业基地在区域发展战略方面与鲁尔工业区十分
相似，鲁尔工业区在发展过程中也经历了钢铁资源枯竭的问题，但由于鲁
尔工业区在转型过程中采取的策略切合实际，最终走出了低谷。这些策略
主要包括：为资源枯竭地区营造良好的投资环境、充分吸引外商投资、在
保留传统文化的基础上发挥本地比较优势与特色、重视第三产业的发展、
重视职业教育、保护生态环境等；而且鲁尔工业区在转型过程中还提供了
试错经验，即政府过分补贴并不利于地区经济结构转型与长远发展。基于
以上经验与教训，东北老工业基地的改造也应该从调整产业结构入手，在
此基础上加大开放力度。

吴欣航[③]认为在发展道路的选择上，东北老工业基地与鲁尔工业区基
本一致，两者都是以资源型产业转型为代表的工业区。笔者提出东北老工
业基地的比较优势并没有在全国范围内形成影响力，其影响力仅限于东
北。改革应从供给侧切入，在充分借鉴鲁尔工业区经验的基础上，结合
"一带一路"发展机遇，充分激发东北老工业基地的内生发展动力。具体
包括：促进体制机制创新、营造国际化营商环境、产学研用相结合、着力
发展优势产业、促进生态环境可持续发展等。

---

① 杨雪. 法国东北老工业区振兴中的就业政策——对我国老工业基地振兴的启示 [J]. 人口
学刊, 2004 (05): 45 - 48.
② 葛竞天. 从德国鲁尔工业区的经验看东北老工业区的改革 [J]. 财经问题研究, 2005
(01): 54 - 58.
③ 吴欣航. 推进辽宁老工业基地振兴发展——以德国鲁尔工业区为例 [J]. 经济师, 2019
(01): 160 - 161.

杜峥平[①]认为东北老工业基地发展缓慢的主要原因在于体制因素的制约、产业结构升级缓慢、投资效益比较低、国有企业改革成效不大等，并基于德国鲁尔区在调整产业结构、完善社会保障体系、加强环境治理、建立和完善法律法规、加强对下岗职工的职业技术培训等方面的成功经验，提出振兴东北老工业基地的对策，即强化政府的扶持、加快技术升级与创新步伐、盘活国有资产存量、推进法治建设、加强人才培养等。

（三）基于文化、人才、社区服务、政府管理、城市转型等角度的研究

工业文化是人类文化的重要组成部分，但工业发展不是老工业基地发展的唯一内容，若想实现老工业基地的全面振兴、全方位振兴，必须将视角扩宽到环境、文化、基础设施、民生、创新、农业等方面。部分学者聚焦于推进老工业区转型的某一重要方面或某一产业展开研究。

任璐[②]以全国首批试点的 21 个老工业区之一的鼓楼老工业区为研究对象，聚焦于推进老工业区转型的文化创意产业发展方面，总结概括了鼓楼老工业区文化创意产业发展概况、存在的问题及优势，并提出发挥规划引领作用、提供政策扶持作用、强化"双招双引"作用以促进老工业区发展文化创意产业的政策建议。

荆涛、田景芝等[③]认为，科技是振兴的第一要务，而高校是孕育人才的摇篮。为了提高联合培养人才的质量，应在高校中设立老工业振兴基地，提升研究生联合培养的质量，加大科研成果转化率，探索符合实际的产学研联合培养路径。在全面分析东北老工业区现状与发展背景的基础上，该文提出东北老工业区产学研联合培养研究生存在校企双方未找到合作点、缺少健全的产学研师资队伍、培养经费不足等问题，并提出确立多

---

① 杜峥平. 德国鲁尔区的改造对东北老工业基地振兴的启示 [J]. 经济纵横，2007（09）：41-43.

② 任璐. 鼓楼老工业区发展文化创意产业研究——以创意 68 文化产业园为例 [J]. 现代经济信息，2016（22）：490.

③ 荆涛，田景芝，杜晓昕. 东北老工业区背景下产学研联合培养研究生探析 [J]. 黑龙江教育（高教研究与评估），2014（02）：69-70.

维立体导师制、构建多层次课程体系、明晰产学研中高校和企业的地位、加强政府主导、强化企业主体的对策建议。

李亚江[1]从探索老工业区社区管理和服务模式入手，认为山西省太原市万柏林区辖老工业区的基础设施十分落后，社会治安问题比较多，加之人民生活整体水平偏低，经济较为困难，所以亟须转变发展理念，探索出一套以社区管理和服务为主的新模式。具体包括：把制度设计放在首位，并做好经费配套支持；以多方互动为支撑，落实轮岗责任制；健全考核激励机制，充分发挥社区工作者主观能动性等。在国家社区治理和服务创新实验区的建设方面，这种新模式取得了很好的成效，为推进老工业区管理和服务转型提供了可借鉴的思路。

于丽英[2]提出应推进上海与东北老工业区的区域科技合作，不仅阐述了上海与东北地区科技合作的基础条件、分析了区域科技合作模式的特点，亦给出了上海与东北地区科技合作的模式选择，提出优化政府职能、加强科技中介信息服务的功能和作用等推进上海与东北地区科技合作的若干思路。

符林[3]认为金融作为现代经济的核心，需要与新一轮东北振兴相适应，在总结美国中西部地区、英国中部工业区、德国鲁尔区、法国洛林大区等国外金融支持传统老工业区振兴的经验基础上，分析了东北地区金融体系存在金融业态比较单一、银行的管理理念较为僵化、金融支持创新创业机制尚未建立、金融对中小企业支持偏弱等不足，并提出坚持市场化取向完善金融机构体系、发展多层次的资本市场、构建"双创"支持体系、优化东北地区的金融生态环境等政策建议。

吴晓研、刘松[4]提出，作为老工业基地的吉林省是我国重要的商品粮生产基地，物流能力是制约吉林省经济发展的重要因素。笔者分析了吉林

① 李亚江. 探索老工业区社区管理和服务新模式 [J]. 中国民政, 2021 (02): 50 - 52.
② 于丽英. 推进上海与东北老工业区区域科技合作的思考 [J]. 经济论坛, 2008 (01): 21 - 23.
③ 符林. 金融支持传统工业区振兴经验 [J]. 中国金融, 2016 (17): 78 - 79.
④ 吴晓研, 刘松. 振兴东北老工业区视角下吉林省物流产业创新发展 [J]. 新西部, 2017 (30): 54 - 55.

省物流产业发展存在着基础设施建设速度慢、物流产业结构供需不平衡、技术水平落后等问题，并提出推进物流产业发展的对策建议，如通过TOT、DBFO 等方式鼓励民间资本参与到物流产业的基础设施建设中来；加强物流产业陆水空交错的空间布局网建设；促进物流产业与其他产业的协同发展，以充分发挥吉林省物流产业的发展潜力，为吉林省振兴奠定基础。

荣宏庆、常丽等[1]剖析了德国鲁尔工业区重新振兴的成功经验，认为政务环境对老工业区振兴有着重要作用，具体表现在成立权威领导机构，有效发挥政府区域宏观调控能力，以立法形式推行积极的宏观政策和就业政策，为社会经济的可持续发展创造经济基础条件和社会基础条件，加强企业间、区域间、国际的联系与协作，调整生产力使之合理布局，遵循社会公正、人与自然和谐相处原则为公民提供稳定的社会环境和生存环境，并提出强调市场作用的优先性，为各类市场竞争主体提供公平、规范的市场竞争环境，建立鼓励增加就业的机制，强化公共服务职能等政策启示。

胡岳岷、任春良[2]认为振兴东北老工业基地赋予了政府新的责任和新的角色，政府要按照经济社会环境的需要确定其基本职能、转变观念依法行政、用新的思维方式做好政务服务，只有转变并不断完善政府的管理机制，振兴东北才有希望。

张平宇、马延吉等[3]根据东北老工业基地的发展特点与现状，认为振兴东北老工业基地应走新型城市化道路，将工业化战略融入城市化战略中，构建以"三圈一带"为框架的空间结构，充分体现出东北地区城市化的特征，并提出了新型城市化的战略重点。包括：通过实施多元化产业发展战略与加强矿区生态恢复促进资源型城市转型；从要素协调发展角度研究老工业区内要素如何置换并转移；从改善生态环境角度研究

①　荣宏庆，常丽，李玮. 政府环境在老工业基地振兴中的作用——德国鲁尔区的实践与启示 [J].现代商业，2009 (04)：171 - 173.

②　胡岳岷，任春良. 振兴东北老工业基地中的政府角色定位 [J].税务与经济（长春税务学院学报），2004 (04)：6 - 8.

③　张平宇，马延吉，刘文新，陈群元. 振兴东北老工业基地的新型城市化战略 [J].地理学报，2004（S1）：109 - 115.

各地如何合理建设跨区域税收协调机制；从区域经济发展角度探究大城市与小城镇的合作路径；优化信息化布局、加快数字城市建设等。

刘凤梅①认为振兴东北老工业基地的核心任务是区域再造和区域创新，新型城市化道路是振兴东北老工业基地的重要途径，在阐述城市化概念和新型城市化内涵的基础上，分析东北地区城市化过程及现状，提出新型城市化战略的总体思路：走可持续发展的城市化道路、加快资源型城市经济转型、加快大城市老工业区改造、加快大都市圈产业集聚与空间重组、加快城市信息化建设、加快城市生态环境整治与人居环境建设。

丁树谦②认为可持续发展与经济结构调整对东北老工业基地的振兴具有十分重要的意义。在分析东北地区资源型城市的特点和目前存在的问题、东北地区资源型城市区域经济衰落原因的基础上，提出重组产业结构、调整工业布局、大力发展第三产业、优化环境、建设生态园林城市的可持续发展的途径。

王弘钰、于桂兰③提出东北老工业基地逐渐走向衰落的重要原因之一就是缺少民营企业家。从宏观、微观两个层面分别探讨了民营企业家的培育问题。从宏观层面来看，政府需要提高立法层级，用制度来规制资本与商品流动，促使民营经济发展；同时要为民营企业家营造良好社会环境，致力于为民营企业服务。从微观层面来看，要清晰界定所有权结构，规范引人用人机制，促使民营企业形成鲜明文化特色，强调了培育民营企业家对于振兴东北老工业基地的现实意义。

（四）老工业区更新的相关研究

一些学者关注老工业区的搬迁、更新、改造问题，涉及城市规划学、建筑学、景观设计、生态学等诸多学科，呈现学科交叉融合研究趋势。

---

① 刘凤梅. 东北老工业基地复兴的新型城市化道路 [J]. 行政与法（吉林省行政学院学报），2004（09）：57 – 59.

② 丁树谦. 东北地区资源型城市可持续发展研究 [J]. 环境与可持续发展，2009（04）：47 – 49.

③ 王弘钰，于桂兰. 民营企业家的培育模型与东北老工业基地的振兴 [J]. 人口学刊，2008（02）：56 – 60.

1. 建筑学侧重于关注老工业区的更新改造措施，以及内部空间的改造利用

朱婧[①]总结并分析了老工业区更新的理论与实践，重点研究了老工业区更新改造的动力机制与发展趋势，从产业调整升级、功能置换开发及生态恢复再生三方面总结了当前城市老工业区的更新改造策略，认为在我国经济进入新常态的发展背景下，增量扩容不再是城市发展的首选道路，城市中的老工业区转型难度加大。文章以西安市幸福路老工业区为研究对象，指出老工业区在转型过程中存在企业搬迁困难、工业用地效率低、交通道路混乱、工业遗产遭到破坏、生活品质较低等问题。基于复杂的现状，笔者提出要将老工业区的空间划分为保留区、限制改造区与适宜改造区三个部分：保留区通过提升原有产业并引入与原有产业相关的产业对现有产业布局进行升级；限制改造区可以利用现有资源实现对公共设施、道路交通等项目的升级改造，尤其要注意对工业遗产的保护和利用，不断提升生活品质；适宜改造区可以通过合理变更土地使用权打造出全新的商贸服务区。在此基础上提出政府增强决策的科学性与维护公私利益的平衡是确保政策落地的制度性保障。

2. 景观设计学科较为注重宏观和整体层面，从经济、社会、生态等方面综合考虑老工业区发展更新

杨毅锋、田燕[②]以武汉市古田老工业区为研究对象，采用层次分析法构建包含经济效益、社会发展、生态环境、土地利用优化四个指标的评价体系，通过对各级指标对比构造出判断矩阵，最终得到各个影响因子的权重，得到四个结论。经济发展指标均呈现良好发展势头；社会发展指标中棚户区改造效率比较高、社会服务水平有待提高；生态环境指标中空气质量不达标、工业废物利用率达标；土地利用指标中商业服务业用地与绿地不达标，工业腾退工作仍需持续推进。并从产业改造升级、人才引进、完

①　朱婧. 西安老工业区更新策略研究 [D].西安建筑科技大学学位论文，2019.
②　杨毅锋，田燕. 基于综合评价方法的武汉市古田城市老工业区改造实施评价研究 [J].建筑与文化，2020 (11)：63－65.

善公共服务环境、空气污染源治理等方面给出老工业基地改造的现实路径。

赫曦滢①以吉林城市老工业区为研究对象，论述了城市老工业区搬迁改造的必要性与有利条件，认为城市老工业区搬迁改造面临的挑战主要在于：老工业区的污染企业发展面临两难境地、针对企业搬迁政府干预问题突出、分散搬迁与近域搬迁问题复杂且任务艰巨、产能过剩、要素驱动产业转型升级不可持续等，提出要加大政策扶持和宏观调控力度、降低企业的搬迁和环保成本、为搬迁企业提供更多土地补偿以保障企业经济利益、对老工业区的整体功能进行适时优化、实施多元化产业发展战略、深化国有企业改革、开展老工业区产学研改革试验，以期全面推进老工业区产业、城市、社会及环境的综合调整升级。

3. 生态学则更为注重老工业区的可持续发展

刘昱晓②分析提出资源型城市中的老工业区存在设备老化、技术不能有效革新，基础设施建设不到位，失业人员较多、城市贫困严重，工业生产成本逐渐上升导致经营不善，生态环境污染等问题，认为可持续发展的生态思想是当前老工业区改造的重要指导思想，并从老工业区的生态建设技术、建筑节能技术、旧工业设施改造利用技术、工业园区土地再次开发等方面进行技术探析。

肖骁、李京忠等③从植被覆盖率研究入手探究老工业区的生态覆盖率情况，认为植被覆盖率可以直接反映出人类活动与环境演变的关系。通过建立像元二分模型，基于可获取的 MODIS 数据，运用线性回归实证研究了东北老工业区 15 年间植被覆盖率与空间演化情况，并深入分析城市化水平与植被覆盖率的关系，得出以下结论。东北三省中只有辽宁省植被覆盖区面积大幅度减少、吉林与黑龙江高植被覆盖区显著增加、与内蒙古交界的大部分地区植被覆盖率也显著增加，且辽宁省内的城市化水平差异也

---

① 赫曦滢. 城市老工业区搬迁改造方略 [J]. 开放导报，2016 (05)：103 - 107.

② 刘昱晓. 资源型城市老工业区改造思想及技术探析 [J]. 大众标准化，2021 (12)：166 - 168.

③ 肖骁，李京忠等. 东北老工业区植被覆盖度时空特征及城市化关联分析 [J]. 生态科学，2017 (06)：71 - 77.

与这一结果保持一致；东北老工业区的植被分布呈中部高—东西部低—西部最低的态势。在此基础上阐释了东北老工业区植被演变趋势，这对于推动老工业区转型具有重要的生态意义。

董姝娜、赵光远[1]基于我国经济的新形势与面临的新机遇，将老工业区搬迁改造划分为四个阶段，并指出针对老工业区搬迁改造存在的问题，需要突出区域支撑、成本分摊、社会稳定三方面的支撑效应。具体来说，在区域支撑方面，要强化信息支撑、完善区域布局、增强区域联动力、加强创业等机制创新；在成本分摊方面，从改进分摊比例入手，运用多种税收优惠等政策性措施；在社会稳定方面，应充分预留应急储备金。只有政府出台细化的配套政策，上述机制创新才可能落实。

（五）对老工业区衰落原因的相关研究

部分学者基于老工业区衰落的原因，从产业结构、技术体系、生态转型、社会发展等角度进行了深入分析，并以问题为导向提出推进老工业区振兴发展的建议。

田莹、朱华友等[2]将老工业区的转型路径概括归纳为产业转型、生态转型、社会转型三种，认为在转型实践中，这三种转型路径往往彼此孤立、互不联系，具有转型路径单一化模式化、没有形成合力、缺乏创造性等缺陷。他们认为，应将单一的产业、生态和社会转型融合在一起，给予统一的政策指导。

姚莉[3]以我国中部地区 27 个老工业基地城市为研究对象，指出这些城市在结构性方面普遍存在三次产业结构不协调，重型化工业结构、所有制结构不合理等问题；在产业集群方面存在新兴产业发展薄弱、传统产业转型困难、产业集群密度低等问题；在城市空间布局方面存在老工业区改造

---

[1] 董姝娜，赵光远.城区老工业区搬迁改造机制创新研究［J］.社会科学战线，2015（10）：262－266.

[2] 田莹，朱华友，刘志高.老工业区创意转型及路径依赖突破：一个综述的视角［J］.科技和产业，2012，12（02）：14－17.

[3] 姚莉.中部老工业基地振兴的现状、问题与对策［J］.宏观经济管理，2013（08）：48－50.

缓慢、基础设施建设落后、城市空间划分杂乱等问题。并提出老工业基地改造的六大路径选择——充分激发国有企业活力，加快推进股份制改造进程；构建现代化产业体系，形成新的经济增长极；以人为本，发展各项社会事业，提高群众获得感；发挥中心城市的辐射效应，提升城市综合功能；增强可持续发展能力，将生态效益与社会经济效益相结合；破除体制机制障碍建设服务型政府等。

卞建平[①]以青岛市四方老工业区为典型代表进行个案分析，认为四方老工业区改造必须遵循区域产业结构调整和区域经济发展规律，在认真研究和分析国内外老工业区改造成功经验的基础上，发现四方老工业区存在的问题——经济结构不合理、经济总量偏低，基础设施建设滞后、投资环境亟待改善，发展空间不足、投资成本较高，社会保障负担较重、老工业企业经营困难等，并结合青岛四方老工业区的实际，提出要加快产业结构调整和产业升级、优化产业布局，整合辖区闲置资源、发展都市型工业园区，发展高新技术产业、打造科技创新区，强化城市经营理念、完善基础设施配套，加强人力资源开发、实施"人才强区"战略，转变政府职能、营造良好的经济发展软环境。

杨嚣[②]基于结构性理论、路径依赖分析理论、输出基础等经济理论分析了老工业区发展的一般规律与衰落的原因。在此基础上提出针对老工业区的潜在调整策略——实施多样化的产业发展策略，确保经济顺利转型；优化区域内产业结构、大力发展基础设施、促进要素合理流动；避免路径依赖，分别设计出宏观、微观层面的激励约束相容机制。并针对以上分析提出促进东北老工业区转型的对策建议。第一，加快区域内产业结构的转型与升级。如提升基础设施水平、规定投资比例、培育新兴产业、发展规模经济。第二，加快市场化进程，实行制度创新。如完善产权制度、强化信息披露制度、完善资本与人力市场体制机制、降低国企代理成本等。第三，强化地方政府调控能力。如改善公共投资环境、提高地区福利、扩大

① 卞建平. 遵循老工业区改造规律 选择老工业区振兴策略 [J]. 中共青岛市委党校. 青岛行政学院学报，2005（05）：43 – 45.
② 杨嚣. 老工业区经济衰退与转型分析 [D]. 浙江大学硕士学位论文，2004.

教育规模、加强税收扶持等。总之，德国鲁尔老工业区的成功转型为东北老工业区转型提供了有价值的参考。

杨振凯①通过产业技术周期理论剖析了老工业基地衰退的体制性原因，主要是传统产业占比较高、经济增长乏力、三次产业比例失调、资源型城市、产业发展不可持续与就业率低等原因。在此基础上进一步探讨了东北的衰退机制，认为东北经济增长缓慢、失业问题突出、对外开放程度低、资源日益枯竭、环境恶化严重、大量传统产业衰退、产业比例失调严重和国有经济比重过大等问题，其产生的最终根源仍在于产业技术体系处于生命周期的衰退阶段所表现的直接结果。

何剑、姜周②认为东北老工业基地衰落的原因主要有三个。一是体制性因素。得益于计划经济体制实施，东北在新中国成立初期迅速成为重要的工业基地，伴随着市场化改革，东北经济赖以生存的制度发生了根本性变化，传统的优势产业再也无法适应市场经济。二是资源禀赋发生重大改变。拥有丰富自然资源的东北地区在 20 世纪 90 年代经济开始滑坡，加之国际贸易的发展使这些资源型地区不再具备竞争优势。三是区位优势发生逆转。我国实行的由东部沿海向内地梯度开放战略不仅弱化了东北地区的区位优势，也导致东北地区的生产要素逐渐向东部沿海地区聚集，东北地区不断被边缘化。文章最后提出振兴东北老工业基地需要借助国际与国内的双重力量，将其放在东北亚区域内布局，以图获得振兴发展的机遇。

娄子雯、陈勇等③以沈阳铁西老工业区为例，提出高新技术的发展会逐渐淘汰以工业为导向的城市发展战略。老工业区普遍面临着是否重建的道路选择。在老工业区改造过程中，应充分考虑文化创意的理念，将城区旧址改造与现代城市理念、文化有机结合，最后提出了铁西区工业旧址的整改设想。

① 杨振凯. 老工业基地的衰退机制研究 ［D］. 吉林大学博士论文，2008.
② 何剑，姜周. 东北老工业基地振兴与东北亚区域合作 ［J］. 辽宁师范大学学报，2006 （06）：29－32.
③ 娄子雯，陈勇，肖铭. 中国建筑活化构想——以沈阳铁西旧工业区为例 ［J］. 建筑与文化，2021 （06）：238－239.

李鹏洋①认为东北衰退的原因在于市场化因素制约、国家经济政策干预的影响，以及国有企业占比过高、大多数企业内部效率过低、部分政府官员不作为等；提出应该积极促进东北工业体系创新，推动地区国有企业变革，引入更多的非国有资本，吸引更多的外来投资者。同时，也要注重经济发展与环境的良性协调关系。相关政府部门也应出台更多的鼓励性政策，营造良好的东北营商环境，为振兴东北做出更多贡献。

董静媚②认为东北主要经历了 2003～2013 年、2014～2020 年两轮振兴发展；实现东北振兴的难点主要在于经济结构不够优化、体制机制改革仍不到位、对外开放水平有待提高。"十四五"时期东北振兴面临安全发展责任更为重大、边缘化压力进一步增大、机遇和挑战并存、数字经济向纵深发展、分类施策促发展、创新引领作用凸显的新发展形势；为了使东北振兴取得突破性进展，要树立以产业发展为主体的核心思想，构建可以支撑产业发展的空间布局，充分打开海陆空全方位开放通道，并给予涉及基础设施建设、营商环境优化、数字化发展、创新、安全等领域以政策性支持。

刘禹彤、吕彦云③同样认为东北衰落的原因在于经济结构不合理、新兴产业发展缓慢、市场开放程度较低、人才流失、科学技术水平低、政府管理不到位等；概括总结了东北老工业基地发展的区位优势、资源优势、工业基础优势；提出振兴东北应调整经济结构、调整产业结构、扩大对外开放、加强人才支撑、提高科技创新能力、政府简政放权的对策建议。

曲伟、曲晓慧等④提出，破除体制机制障碍是实现新一轮东北振兴的关键。可以从创新国企体制机制入手，如解决国企所有制单一问题、减轻国企债务压力、卸下国企的历史包袱等；在创新投融资政策方面，可以发

① 李鹏洋. 东北老基地衰退原因与振兴路径选择研究 [J]. 今日财富，2021（10）：11 - 12.
② 董静媚."十四五"时期东北振兴取得新突破的发展思路 [J]. 区域经济评论，2021（03）：136 - 142.
③ 刘禹彤，吕彦云. 东北老工业基地的发展对策研究 [J]. 现代交际，2016（18）：35 - 36.
④ 曲伟，曲晓慧，姜春海，徐建中，赵亚楠. 新一轮东北振兴的体制机制、区域合作与资源型城市转型 [J]. 改革，2016（09）：59 - 67.

展贷款贴息、进行投资奖励等；在区域合作方面，尤其提到建立联合园区的必要性，应转变思维方式，结合市场需求对城市转型提出基本定位，打造开放合作的先行窗口。

王小华①基于外部性理论分析了我国老工业基地重污染企业的负外部效应，指出负外部效应是导致重污染企业的退出机制存在很严重的问题，如退出时污染问题不能完全解决、退出资金支持不足、税收激励政策不到位等。根据吉巴德－萨特斯维特的操纵定理，王小华构建了以政府为主导的重污染企业的退出机制——清理污染产权、发挥政策性激励效应、对重污染企业实施监督与绩效评估，从而实现企业有计划、有步骤的阶段性退出，既保证企业利益，也实现了经济社会的稳定运行。

邬小平②认为东北经济发展滞后的原因在于国有经济比重过高、非公有制经济上升缓慢，单一依赖资源优势、产业技术水平低，技改资金不足、技术创新能力薄弱，提出东北振兴在于制度创新和技术创新。一是以体制创新开路，抓好制度创新和机制创新；二是加大政府对科技的扶持力度，利用高新技术实现对传统产业的改造；三是搞活贸易与加强经济合作，加快形成东北亚经济圈。

牛晓姝、董继文③基于内生增长模型探讨了东北老工业基地振兴中经济增长、国际贸易与环境质量之间的内在联系与相互作用的动力机制。认为老工业基地衰落是资源市场配置的必然结果，并探讨了引入环境污染指标时经济增长的内在机理，提出振兴东北的政策启示。

（六）关于实施振兴战略绩效评价的研究

关于实施振兴战略绩效评价，国内很多学者以东北振兴战略相关政策为研究对象，对政策实施效应做出不同的绩效评价。

---

① 王小华. 基于外部性理论的国内老工业基地重污染企业退出机制设计 [J]. 全国商情（理论研究），2011（05）：21 – 23.

② 邬小平. 东北老工业基地的制度创新和技术创新 [J]. 理论观察，2010（02）：51 – 52.

③ 牛晓姝，董继文. 贸易、环境污染与经济增长——基于东北老工业基地振兴的一个内生经济增长模型 [J]. 工业技术经济，2008（04）：89 – 94.

1. 东北振兴战略实施成效

初楠臣、姜博①通过建立经济联系强模型与可达性模型等地缘经济关系的综合模型分析了东北振兴战略实施前后哈尔滨、大庆、齐齐哈尔、绥化四个城市的空间演变趋势，结果表明：东北振兴战略实施后，哈尔滨与绥化中心职能指数显著上升，齐齐哈尔与大庆中心职能指数呈下降态势，不同城市中心职能指数差异化趋势明显；哈尔滨在东北振兴战略实施后与大庆的经济联系逐渐减弱，与齐齐哈尔的地缘性竞争关系不断强化，哈尔滨与大庆的互补型地缘关系变化不明显，哈尔滨与绥化的互补型地缘关系由弱变强；各城市的经济潜力得到发挥，哈大齐城市走廊空间极化现象不断提升。

和军、张紫薇②从东北两轮振兴的背景入手，对不同实施背景下的经济总量、所有制结构、市场化程度、产业结构、人民生活水平、企业效益六个方面做出对比分析，从而比较出两次振兴的实施效果。结果显示，首轮东北振兴使省内城乡差距不断缩小，就业率显著提升，投资结构不断优化，市场化指数有所提升。但首轮振兴仍没有从根本上解决企业所有制结构问题与深层次的市场化体制机制矛盾，尤其表现为辽宁省国有企业效益不好、黑龙江省国有投资占比偏高、居民消费不振等。在此基础上提出新一轮东北振兴应更加关注结构性问题，培育经济增长的内生动力，重点发挥市场的决定性作用，促进全方位可持续发展。

2. 东北振兴战略实施成效不显著

杨东亮③依据马奎斯特（DEA-Malmquist）指数计算出各省份的全要素生产率，对比发现东北振兴战略实施后东北地区全要生产率并未提高，经济增长质量较差；与全国其他发达省份相比，东北地区各种资源要素利用效率较低、差距较大，仍有较大的提升空间；并且指出政策应在大力支

---

① 初楠臣，姜博. 哈大齐城市密集区空间联系演变特征——基于东北振兴战略和实施前后的视角 [J]. 经济地理，2015（03）：67-72.

② 和军，张紫薇. 新一轮东北振兴战略背景与重点——兼评东北振兴战略实施效果 [J]. 中国特色社会主义研究，2017（06）：33-41.

③ 杨东亮. 东北振兴政策实践效果评价与政策启示——基于全要素生产率增长的全国比较 [J]. 东北亚论坛，2011（05）：99-108.

持技术研发与创新、资源节约和生产要素高效利用等方面重点发力。

王建林[1]运用差分内差分模型对 2000～2007 年东北地区和华北地区的城市数据进行实证对比,发现实施东北振兴战略不仅没有提升工业企业劳动生产率增长速度,甚至还略微降低了劳动生产率;在经济环境方面,东北振兴战略实施后对劳动生产率产生正向影响的变量都发生了弱化反应,这体现了经济环境变量并没有改善,这些变量也抑制了劳动生产率的提高。因此,笔者不仅需要关注劳动生产率,其他变量也需要关注其长期效应。

赵勇等[2]认为东北振兴战略是我国区域协调发展总体战略的重要部分,其通过选取 1994～2015 年我国地级市面板数据,采用双重差分分析法评价东北振兴战略在促进经济结构调整方面的效应。结果显示,东北振兴战略并没有显著提高地区经济集聚水平,也没有使产业结构更加优化。因此,在此基础上提出新一轮东北振兴要着眼于政策的结构性调整,确保政策的协同性,并完善相关制度设计。

贾彦宁[3]通过构建理论机制,利用 1997～2013 年中国各省份 DMSP/OLS 夜间灯光校正数据,分析得到实施振兴战略的东北地区在短期内能享受到政策红利,实现经济增速的显著提升,但在长期由于过度依赖政府、产能过剩、人才流失等问题抵消了其经济增长效应,从而不可避免地掉入"政策陷阱";控制变量还显示东北振兴并没有依赖大规模的资产投资,而市场失灵、道德风险与逆向选择是掉入"政策陷阱"的主要原因。

3. 东北振兴战略实施绩效显著,但仍有不少问题需持续推进

杨天宇和荣雨菲[4]通过采用合成控制法评估了东北振兴战略的经济效应与可持续性。合成控制法的优势在于可以更好地解释选择性误差与内生

① 王建林.东北振兴战略提高了工业企业劳动生产率吗?——一个差分内差分模型分析 [J].国有经济评论,2012(01):78-95.
② 赵勇,刘金凤,张倩.东北振兴战略是否促进了经济结构调整?——基于 PSM-DID 方法的研究 [J].城市与环境研究,2017(04):27-46.
③ 贾彦宁.东北振兴战略的政策评估及提升路径研究——基于 PSM-DID 方法的经验估计 [J].经济问题探索,2018(12):41-53.
④ 杨天宇,荣雨菲.区域发展战略能促进经济增长吗?——以振兴东北老工业基地战略为例 [J].经济理论与经济管理,2017(10):88-99.

性。实证研究结果显示，2007 年以来实施东北振兴战略对经济增长的效应逐步回落，这主要是因为依靠传统的物质资本投资与扩大基础设施规模并不会对经济增长产生持久的拉动。而一直以来东北地区的投资环境、全要素生产率与人力资本均没有得到有效改善，无法应对经济周期带来的波动。为了进一步深化东北振兴战略实施，需要在政策作用方向与对象上不断进行调整。

董香书和肖翔[1]基于 1999～2007 年我国工业企业数据对东北振兴战略实施成效进行评估，结果表明，该战略实施虽然降低了企业负债与纳税额，但并没有显著提高企业利润水平。这是因为税收下降增加了企业产值，而资本深化对产值的影响要大于利润，中间品投入的增加对利润的负面影响又大于产值，从而导致东北陷入"企业经营困难—政府输血—企业扩张—利润下滑经营困难"的恶性循环。分行业来看，该战略实施对装备制造企业产值影响效应显著，但对其利润的影响仍然不显著；对于资源型企业，该战略对其产值与利润均无显著性影响。笔者提出，随着我国经济迈入新常态，东北会面临新的挑战，未来应重点培养企业内生发展动力、以技术促发展，并推动产业结构不断优化升级，调整经济结构。

孙久文等[2]通过选取我国 1999～2015 年地级市数据，基于 Oaxaca-Blinde 双重差分模型对东北振兴的政策效应进行检验。结果显示，东北地区人均 GDP 水平、投资总规模在相关政策实施后均有显著提升，但对基础设施建设规模并没有明显的拉动效应。文章还分析指出，即使实施东北振兴战略提振了经济，但仍无法摆脱投资驱动的传统路径，为二次衰退埋下伏笔。

李怡茜[3]构建了一个异质性企业生产率选择模型和集聚模型相结合的嵌套模型，探讨东北振兴战略的实施为东北地区带来的集聚效应和选择效

① 董香书，肖翔．"振兴东北老工业基地"有利于产值还是利润？——来自中国工业企业数据的证据［J］.管理世界，2017（07）：24－34.
② 孙久文，苏玺鉴，闫昊生．东北振兴政策效果评价——基于 Oaxaca - Blinder 回归的实证分析［J］.吉林大学社会科学学报，2020，60（02）：75－84.
③ 李怡茜．区域经济政策的集聚效应与选择效应研究——以"振兴东北老工业基地战略"为例［D］.大连理工大学硕士学位论文，2020.

应。一方面，东北振兴战略实施给地区企业生产率带来了负向的集聚效应，在一定程度上阻碍了生产率的进步。同时指出，东北地区生产率呈现分散性特征也是由于集聚效应的异质性。另一方面，东北振兴战略为地区带来了显著的选择效应，激烈的竞争环境导致一些低效小规模的企业被迫退出市场，因此东北地区生产率分布出现左侧"断尾"的现象；东北振兴战略包含了一系列财政税收、投资等优惠政策，成为东北地区企业短期脱困的重要驱动力，但是相关政策并没有从本质上改善东北地区经济环境质量。

第三章 新时代东北振兴面临的新形势、深层次矛盾的变化及推进全面振兴的总体思路

习近平总书记 2018 年 9 月在沈阳召开的深入推进东北振兴座谈会上指出，"东北地区遇到的困难和问题，归根结底仍然是体制机制问题，是产业结构、经济结构问题"，即体制性问题和结构性问题是东北问题的本源。本章总结了实施东北振兴战略超二十年的成效，梳理了"两个问题"深层次矛盾的动态变化，分析当前推进全面振兴的主要障碍，提出未来发展的总体思路。

一 实施东北振兴战略超二十年的总体态势、成效与反思

2003 年，党中央做出实施东北地区等老工业基地振兴战略的重大决策，出台《中共中央国务院关于实施东北地区等老工业基地振兴战略的若干意见》，目前已经实施了超二十年。回头看这二十多年的振兴历程，大致可以分为两个阶段。第一个阶段是 2003 年 10 月东北振兴战略实施到 2012 年 11 月党的十八大召开，可以看作东北振兴前十年。这一阶段取得了比较显著的阶段性振兴成效，东北三省经济平均增长速度超过全国平均水平，投资、消费等保持了较快的增长速度。第二个阶段是从党的十八大至今。这一阶段东北振兴进入了新时代，外部环境变化、国内竞争格局改变，导致东北体制性、结构性矛盾再次凸显，东北三省经济增长速度持续低于全国平均水平。

（一）总体态势

1. 经济增长总体态势

（1）实施东北振兴战略前十年经济增长总体态势

实施东北振兴战略前十年间，东北三省 GDP 平均增速保持在 10% 以上，多数年份 GDP 增速超过全国平均水平（见表 3 - 1、图 3 - 1），其中辽宁人均 GDP 一直高于全国平均水平（见表 3 - 2、图 3 - 2），位列全国人均 GDP 排名前十（见表 3 - 3）。实施东北振兴战略前十年取得比较显著的阶段性成效的原因主要有以下几方面。

一是国家在完善社会保障体系、剥离国有企业办社会职能、资源型城市转型等方面对东北老工业基地赋予了很多政策，给予了大力的支持，很大程度上解决了历史遗留问题，使东北得以轻装上阵。

二是东北国有企业改革加快推进，所有制改革、公司制改革等取得显著成效，微观经济一定程度上实现了重构，市场主体重新焕发了活力，冶金、石化、装备制造等产业竞争力显著提升。

三是这一阶段全球重化工业景气上行，重化工业进入发展的黄金周期，产品价格高位运行，而重化工业是东北三省的产业主体，带动了整体经济快速增长。

四是 2008 年国际金融危机发生后，国家实施的四万亿投资刺激政策也是拉动东北经济增长的重要原因。

（2）新时代实施东北振兴战略经济增长总体态势

党的十八大以来，东北进入全面振兴、全方位振兴阶段。2016 年，《中共中央国务院关于全面振兴东北地区等老工业基地的若干意见》进一步明确了新时期推动东北振兴的新目标、新要求、新任务、新举措。在经历振兴前十年相对高速的增长阶段后，东北三省经济进入下降周期，特别是 2015 年、2016 年进入谷底，虽然 2017 年之后有所回暖，但 GDP 增速、人均 GDP 一直低于全国平均水平，地区生产总值增速处在全国排名的尾部，经济体量在全国的占比逐步下降。2021 年辽宁、吉林、黑龙江 GDP 在全国的占比分别为 2.41%、1.16%、1.3%，其中辽宁对比振兴战略实

施前十年下降近 2 个百分点。辽宁、吉林、黑龙江人均 GDP 全国排名从
2003 年第 8 位、第 18 位、第 12 位,下降为 2021 年第 16 位、第 26 位和
第 30 位,黑龙江人均 GDP 已连续五年全国倒数第二。这一阶段东北经济
下滑的原因主要有以下几方面。

一是振兴政策红利趋弱,厂办大集体等历史遗留问题仍存在,资源型
城市转型难度大。

二是深层次体制性矛盾没有得到根本性解决,改革进入攻坚期,国有企
业改革不够深入,缺乏活力,营商环境不完善,市场主体作用发挥不充分。

三是结构性矛盾仍然突出,传统产业转型升级比较慢,创新能力不
强,新产业、新业态、新模式等没有发展起来,新旧动力青黄不接。

四是 2008 年国际金融危机后实施的四万亿投资政策,虽然短期内拉
动了东北经济较快增长,但这一刺激政策也为 2014 年后东北经济下行埋
下了伏笔。虽然全国都存在这一问题,但由于东北重工业占绝对主体,这
种产业结构使得其周期性特征显著强于国内其他地区。

表 3 - 1   2003 ~ 2021 年东北三省 GDP 增速及 GDP 在全国的占比

单位:%

年份	GDP 增速				GDP 在全国的占比		
	全国	辽宁省	吉林省	黑龙江省	辽宁省	吉林省	黑龙江省
2003	10.0	8.9	9.2	9.8	4.30	1.56	2.63
2004	10.1	10.4	9.0	10.4	4.00	1.52	2.55
2005	11.4	10.5	8.6	10.6	3.88	1.48	2.54
2006	12.7	11.5	10.8	10.4	3.82	1.47	2.43
2007	14.2	12.9	11.6	9.8	3.81	1.51	2.27
2008	9.7	10.7	12.0	10.3	3.80	1.51	2.23
2009	9.4	10.4	10.3	10.1	3.68	1.56	2.07
2010	10.6	10.3	10.4	11.7	3.37	1.56	2.02
2011	9.6	10.2	10.5	10.9	3.35	1.59	2.04
2012	7.9	8.9	8.9	8.7	3.31	1.61	2.05
2013	7.8	8.7	8.5	7.6	3.24	1.59	2.00
2014	7.4	5.7	6.3	5.3	3.11	1.55	1.89

续表

年份	GDP 增速				GDP 在全国的占比		
	全国	辽宁省	吉林省	黑龙江省	辽宁省	吉林省	黑龙江省
2015	7.0	2.8	6.1	5.4	2.93	1.45	1.70
2016	6.8	0.5	6.5	4.4	2.73	1.40	1.59
2017	6.9	4.2	5.2	6.0	2.61	1.31	1.48
2018	6.7	5.6	4.4	4.5	2.56	1.22	1.40
2019	6.0	5.4	3.0	4.0	2.52	1.19	1.37
2020	2.2	0.6	2.3	0.9	2.47	1.21	1.35
2021	8.1	5.8	6.6	6.1	2.41	1.16	1.30

资料来源：国家统计局。

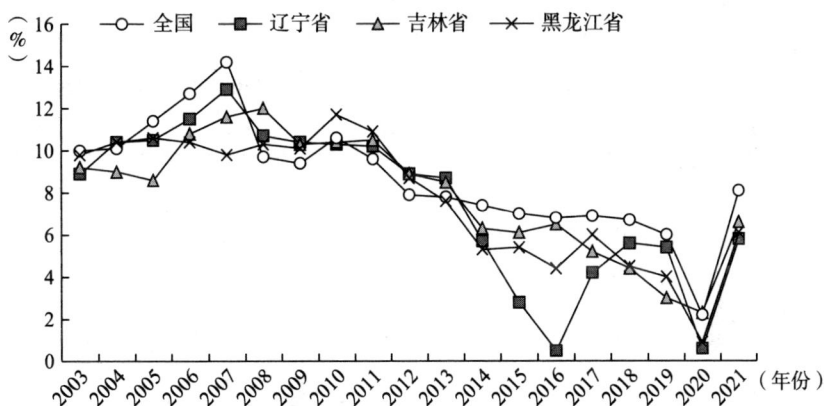

图 3-1 2003～2021 年东北三省与全国 GDP 平均增速的对比

资料来源：国家统计局。

表 3-2 2003～2021 年东北三省与全国人均国内生产总值

单位：元

年份	全国	辽宁省	吉林省	黑龙江省
2003	10666	14041	7925	9464
2004	12487	15355	9073	10836
2005	14368	17210	10237	12456
2006	16738	19760	11864	13947
2007	20494	24022	14966	16023
2008	24100	28185	17696	18654

续表

年份	全国	辽宁省	吉林省	黑龙江省
2009	26180	29611	19858	18871
2010	30808	31888	23370	21694
2011	36277	37353	28270	26093
2012	39771	40778	32005	29352
2013	43497	43956	35139	32068
2014	46912	45915	37539	33464
2015	49922	46482	38128	32759
2016	53783	47069	40259	34025
2017	59592	50221	42890	35887
2018	65534	54657	44925	38199
2019	70078	58019	47554	41156
2020	71828	58629	50561	42432
2021	80976	65026	55450	47266

资料来源：国家统计局。

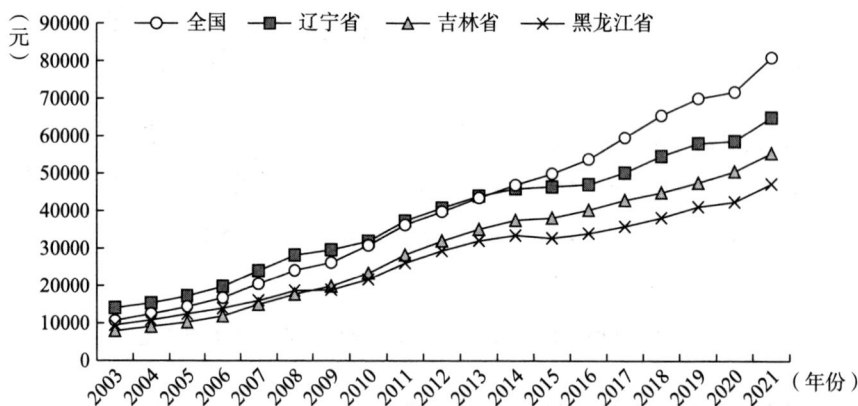

图 3-2 2003~2021 年东北三省与全国人均国内生产总值的对比

资料来源：国家统计局。

表 3-3 2003~2021 年东北三省人均地区生产总值全国排名情况

年份	辽宁省	黑龙江省	吉林省
2003	8	12	18
2004	8	14	18

续表

年份	辽宁省	黑龙江省	吉林省
2005	9	13	20
2006	9	14	20
2007	9	16	19
2008	9	18	21
2009	9	21	19
2010	10	23	20
2011	10	24	19
2012	10	24	18
2013	10	24	16
2014	12	25	17
2015	13	26	19
2016	13	27	21
2017	14	30	22
2018	15	30	24
2019	15	30	25
2020	15	30	26
2021	16	30	26

资料来源：国家统计局。

2. 固定资产投资总体态势

（1）实施东北振兴战略前十年固定资产投资总体态势

2003～2012 年，全国经济进入了新的扩张性周期，加上相对积极的政策因素，使得东北三省固定资产投资大幅增长，其中以辽宁更为典型。2004～2011 年间辽宁固定资产投资同比增速保持在 30% 左右，大大高于全国 23% 左右的平均水平，其中最高为 2004 年的 41.8%，排名全国第一（见表3－4、图 3－3）。投资对经济的拉动率显著高于消费需求，辽宁投资率从 2002 年的 33.6% 上升至 2007 年的 59.5%，之后一直保持在 60% 以上的高位，投资拉动增长率保持在 10 个百分点以上，投资成为经济增长的主要拉动力。

（2）新时代实施东北振兴战略固定资产投资总体态势

2014 年以来，受能源价格下行、部分重工业产能过剩的影响，东北三省在固定资产投资方面逐年萎缩，占全国的比重急速降低（见图3-4），2017年辽宁固定资产投资额在全国的占比从最高的7.75%（2012年）下降为1.45%，吉林固定资产投资额在全国的占比从最高的4.4%（2010年）下降为2.88%，黑龙江固定资产投资额在全国的占比从最高的3.48%（2013年）下降为2.45%。辽宁固定资产投资占比下降幅度最大，2015年、2016年辽宁固定资产投资同比增速排名全国第31，2015年辽宁投资需求对全省经济的贡献率和拉动率分别为-417.6%和-12.5%。虽然2018年之后东北三省固定资产投资增速有所提升，但辽宁的排名依然不尽如人意，吉林和黑龙江近年来固定资产投资增长较快，2020年、2021年吉林固定资产投资增速在全国的排名由2019年的第31跃居全国第4。

表3-4 2003~2021年东北三省与全国固定资产投资同比增速

单位：%

年份	辽宁省	吉林省	黑龙江省	全国
2003	19.9	7.5	2.4	23.8
2004	41.8	11.5	11.5	23.0
2005	38.1	24.3	11.5	22.3
2006	32.3	23.7	13.4	20.5
2007	28.5	19.4	12.6	21.3
2008	32.3	20.0	14.3	22.2
2009	27.9	14.6	18.1	25.7
2010	27.1	11.7	15.2	20.4
2011	27.0	13.7	15.0	20.1
2012	13.2	12.9	11.6	18.0
2013	10.8	8.5	8.7	16.9
2014	5.6	7.0	0.2	13.5
2015	-24.7	4.7	0.8	8.6
2016	-56.6	0.7	1.1	7.0
2017	0.1	0.2	1.3	6.2
2018	3.7	1.6	-4.7	5.9
2019	0.3	-16.2	6.3	5.1

续表

年份	辽宁省	吉林省	黑龙江省	全国
2020	2.6	8.3	3.6	2.7
2021	2.6	11.0	6.4	4.9

资料来源：国家统计局。

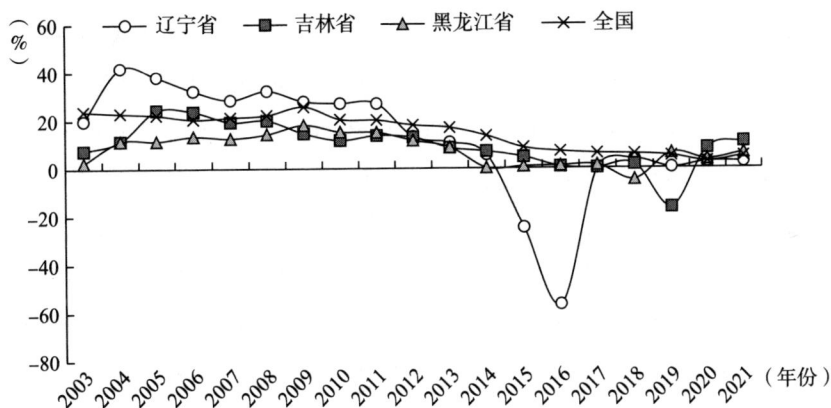

图 3 - 3　2003 ~ 2021 年东北三省与全国固定资产投资同比增速的对比

资料来源：国家统计局。

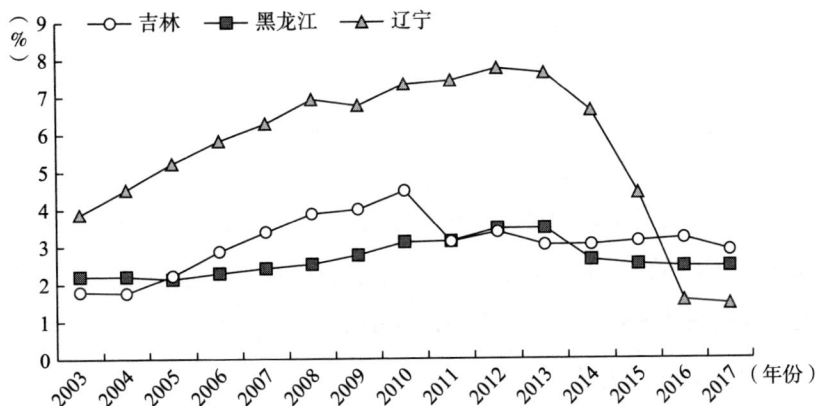

图 3 - 4　2003 ~ 2017 年东北三省固定资产投资额在全国占比的对比

注：2018 年之后统计年鉴没有固定资产投资额的统计。

资料来源：《辽宁统计年鉴》《吉林统计年鉴》《黑龙江统计年鉴》。

3. 社会消费品零售总额总体态势

（1）实施东北振兴战略前十年社会消费品零售额总体态势

20世纪90年代，国家加大了对东北三省投资的支持力度，资本对经济的拉动作用逐渐超过消费需求，消费对经济增长的拉动作用由1992年的7.5%下降到2003年的3.6%，此后消费对经济增长的贡献地位一直让位于投资。东北三省社会消费品零售总额占全国的比重从2003年的7.43%下降到2021年的4.43%，社会消费品零售总额占GDP的比重除吉林有些年份（2003年、2004年、2005年和2006年）高于全国平均水平，其余均低于全国平均水平（见图3-5，表3-5）。

（2）新时代实施东北振兴战略社会消费品零售总额总体态势

2014年之后，东北三省社会消费品零售总额占全国的比重仍然处于下降趋势。辽宁社会消费品零售总额占GDP的比重一直低于全国平均水平，在2016年之前两者差距呈现缩小趋势，但2017年之后差距又出现扩大的趋势；吉林社会消费品零售总额占GDP的比重自2007年之后一直低于全国平均水平，且差距在不断扩大；黑龙江社会消费品零售总额占GDP的比重与全国该指标的变动保持了较为一致的趋势。从居民消费支出变动情况来看，吉林和黑龙江人均消费水平一直低于全国平均水平（见图3-6），虽然辽宁人均消费水平高于全国平均水平，但这种优势在不断衰退，2020年之后辽宁人均消费水平开始低于全国平均水平。居民消费水平低很大程度上是因为居民收入水平较低。从图3-7可以看出，吉林和黑龙江居民人均收入水平一直低于全国平均水平，辽宁居民收入水平虽然高于全国平均水平，但近两年居民收入增速低于全国平均水平，2021年居民人均收入增长7.3%，低于全国12.6%的平均水平。

4. 进出口总体态势

2003~2021年，东北三省进出口总额总体保持了稳步增长态势，但相对于全国其他地区增速较慢，在全国的占比持续下降，三省整体进出口总额占全国比重由2003年的4.46%下降到2021年的2.86%（见表3-6）。进出口总额占GDP比重除黑龙江保持上升外，辽宁和吉林均为持续下降态势。相对于投资和消费，进出口总额发展态势两个阶段的划分不明显。

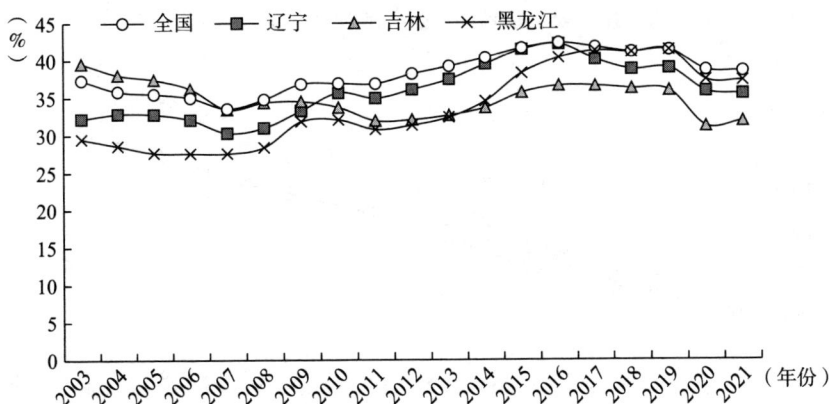

图 3 - 5 2003～2021 年东北三省与全国社会消费品零售总额占 GDP 比重

资料来源：国家统计局。

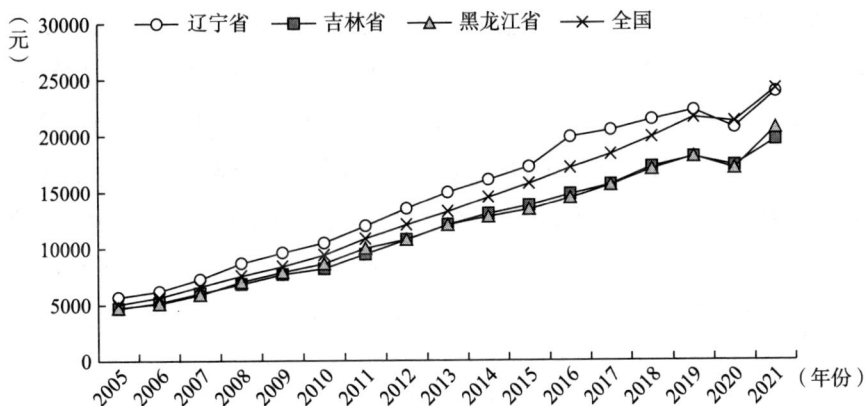

图 3 - 6 2005～2021 年东北三省与全国居民人均消费支出

资料来源：国家统计局。

其中，辽宁进出口总额由 2003 年的 2194.16 亿元增长到 2021 年的7706.96 亿元，占全国的比重由 3.11% 下降到 1.97%，占 GDP 的比重由37.15% 下降到 27.94%；吉林进出口总额由 2003 年的 508.9 亿元增长到2021 年的 1500.62 亿元，占全国的比重由 0.72% 下降到 0.38%，占 GDP的比重由 23.77% 下降到 11.34%；黑龙江进出口总额由 2003 年的 441.11亿元增长到 2021 年的 1990.29 亿元，占全国的比重由 0.63% 下降到0.51%，占 GDP 的比重由 12.22% 上升到 13.38%（见图 3 - 8）。

2003～2021 年，东北三省进出口总额有三次较为明显的降幅，分别为

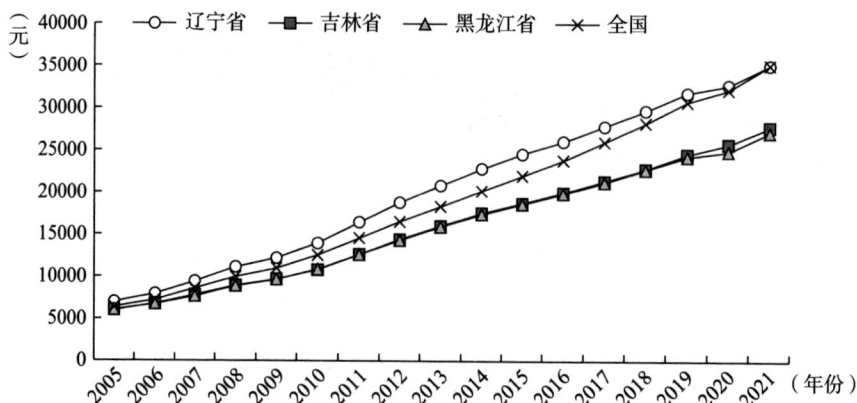

图 3 - 7 2005 ~ 2021 年东北三省与全国居民人均可支配收入

资料来源：国家统计局。

2009 年全球金融危机期间、2015 年东北经济下滑明显、2020 年公共卫生事件突发。2009 年辽宁、吉林、黑龙江三省进出口总额相对于上一年分别下降了 731. 55 亿元、123. 81 亿元、497. 8 亿元，占 GDP 的比重同比下降 7. 9 个、4. 39 个和 7. 16 个百分点；2015 年辽宁、吉林、黑龙江三省进出口总额相对上一年分别下降了 1026. 71 亿元、444. 76 亿元、1080. 9 亿元，占 GDP 的比重同比下降 5. 4 个、4. 5 个、8. 43 个百分点；2020 年辽宁、吉林、黑龙江三省进出口总额相对于上一年分别下降了 724. 62 亿元、26. 23 亿元、336. 69 亿元，占 GDP 的比重同比下降 3. 08 个、0. 69 个、2. 56 个百分点。

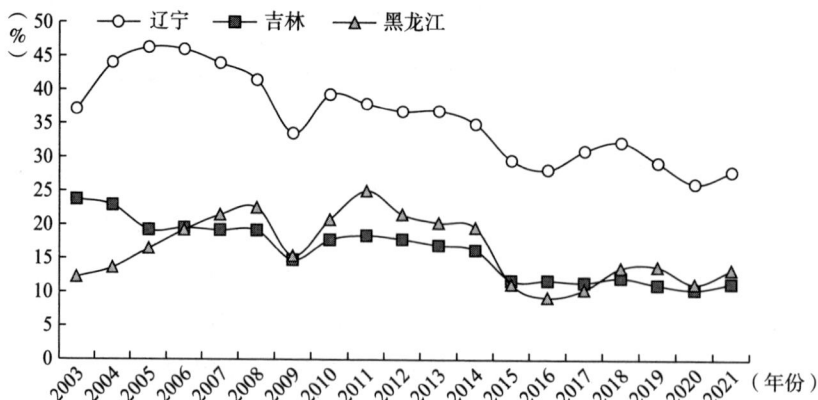

图 3 - 8 2003 ~ 2021 年东北三省进出口总额占 GDP 比重

资料来源：国家统计局。

表3-5　2003~2021年东北三省社会消费品零售总额及占比

单位：亿元，%

年份	社会消费品零售总额				社会消费品零售总额在全国的占比				社会消费品零售总额占GDP的比重			
	辽宁	吉林	黑龙江	全国	辽宁	吉林	黑龙江	东北三省合计	全国	辽宁	吉林	黑龙江
2003	1902.1	847.18	1065.0	51303.9	3.71	1.65	2.08	7.43	37.33	32.21	39.57	29.50
2004	2126.1	933.99	1182.1	58004.1	3.67	1.61	2.04	7.31	35.84	32.86	38.04	28.59
2005	2381.3	1038.87	1315.8	66491.7	3.58	1.56	1.98	7.12	35.50	32.80	37.42	27.66
2006	2692.6	1167.56	1470.5	76827.2	3.50	1.52	1.91	6.94	35.01	32.09	36.19	27.59
2007	3120.3	1364.56	1689.7	90638.4	3.44	1.51	1.86	6.81	33.56	30.32	33.44	27.58
2008	3762.6	1661.38	2026.2	110994.6	3.39	1.50	1.83	6.71	34.77	31.00	34.36	28.40
2009	4264.5	1875.07	2298.5	128331.3	3.32	1.46	1.79	6.58	36.82	33.28	34.50	31.84
2010	4956.0	2160.9	2663.8	152083.1	3.26	1.42	1.75	6.43	36.90	35.66	33.71	32.06
2011	5710.5	2468.77	3056.1	179803.8	3.18	1.37	1.70	6.25	36.85	34.92	31.92	30.76
2012	6439.9	2782.39	3449.7	205517.3	3.13	1.35	1.68	6.17	38.16	36.08	32.06	31.32
2013	7186.7	3077.55	3835.0	232252.6	3.09	1.33	1.65	6.07	39.17	37.41	32.64	32.37
2014	7899.5	3354.05	4201.3	259487.3	3.04	1.29	1.62	5.96	40.32	39.45	33.65	34.52
2015	8364.8	3571.73	4471.0	286587.8	2.92	1.25	1.56	5.73	41.60	41.39	35.65	38.25
2016	8597.1	3812.89	4794.1	315806.2	2.72	1.21	1.52	5.45	42.31	42.16	36.57	40.30
2017	8696.4	3992.28	5077.4	347326.7	2.50	1.15	1.46	5.12	41.74	40.09	36.55	41.24

续表

年份	社会消费品零售总额				社会消费品零售总额在全国的占比				社会消费品零售总额占GDP的比重			
	辽宁	吉林	黑龙江	全国	辽宁	吉林	黑龙江	东北三省合计	全国	辽宁	吉林	黑龙江
2018	9112.8	4073.79	5275.0	377783.1	2.41	1.08	1.40	4.89	41.10	38.76	36.20	41.06
2019	9670.6	4212.93	5603.9	408017.2	2.37	1.03	1.37	4.78	41.36	38.91	35.93	41.37
2020	8960.9	3823.95	5092.3	391980.6	2.29	0.98	1.30	4.56	38.67	35.83	31.20	37.35
2021	9783.9	4216.63	5542.9	440823.2	2.22	0.96	1.26	4.43	38.54	35.47	31.86	37.25

资料来源：国家统计局、《辽宁统计年鉴》、《吉林统计年鉴》、《黑龙江统计年鉴》。

表3-6 2003~2021年东北三省与全国进出口相关情况

单位：亿元，%

年份	进出口总额				进出口总额在全国的占比				进出口总额占GDP的比重		
	全国	辽宁	吉林	黑龙江	辽宁	吉林	黑龙江	东北三省合计	辽宁	吉林	黑龙江
2003	70483.45	2194.16	508.9	441.11	3.11	0.72	0.63	4.46	37.15	23.77	12.22
2004	95539.09	2848.12	562.03	561.91	2.98	0.59	0.59	4.16	44.02	22.89	13.59
2005	116921.77	3359.68	534.73	783.62	2.87	0.46	0.67	4.00	46.27	19.26	16.48
2006	140974.74	3857.57	630.89	1024.9	2.74	0.45	0.73	3.91	45.98	19.55	19.23
2007	166924.07	4522.43	783.06	1315.23	2.71	0.47	0.79	3.97	43.94	19.19	21.47
2008	179921.47	5030.6	925.93	1606.44	2.80	0.51	0.89	4.20	41.45	19.15	22.52
2009	150648.06	4299.05	802.12	1108.64	2.85	0.53	0.74	4.12	33.55	14.76	15.36

续表

年份	进出口总额				进出口总额在全国的占比				进出口总额占 GDP 的比重		
	全国	辽宁	吉林	黑龙江	辽宁	吉林	黑龙江	东北三省合计	辽宁	吉林	黑龙江
2010	201722.34	5463.81	1140.33	1727.27	2.71	0.57	0.86	4.13	39.32	17.79	20.79
2011	236401.95	6202.76	1424.87	2488.1	2.62	0.60	1.05	4.28	37.93	18.42	25.04
2012	244160.21	6570.68	1550.54	2372.89	2.69	0.64	0.97	4.30	36.81	17.87	21.54
2013	258168.89	7089.86	1599.81	2407.86	2.75	0.62	0.93	4.30	36.91	16.97	20.32
2014	264241.77	7002.68	1620.52	2389.61	2.65	0.61	0.90	4.17	34.97	16.26	19.63
2015	245502.93	5975.97	1175.76	1308.71	2.43	0.48	0.53	3.45	29.57	11.74	11.20
2016	243386.46	5749.37	1225.7	1098.58	2.36	0.50	0.45	3.32	28.19	11.76	9.24
2017	278099.2	6724.46	1251.98	1279.55	2.42	0.45	0.46	3.33	31.00	11.46	10.39
2018	305010.1	7583.62	1368.42	1749.47	2.49	0.45	0.57	3.51	32.26	12.16	13.62
2019	315627.3	7265.5	1304.1	1870.09	2.30	0.41	0.59	3.31	29.23	11.12	13.81
2020	322215.2	6540.88	1277.87	1533.4	2.03	0.40	0.48	2.90	26.15	10.43	11.25
2021	390921.67	7706.96	1500.62	1990.29	1.97	0.38	0.51	2.86	27.94	11.34	13.38

资料来源：国家统计局。

5. 常住人口变化态势

（1）实施东北振兴战略前十年常住人口变化态势

2003～2012 年，东北三省常住人口总体相对稳定，辽宁稳步增长，吉林和黑龙江有所下降。辽宁常住人口从 2003 年的 4210 万人增加到 2012 年的 4375 万人，其中 2011 年达到峰值，为 4379 万人；吉林常住人口从 2003 年的 2704 万人增加到 2010 年的 2747 万人，此后逐年下降，2012 年下降到 2698 万人，比十年前减少了 6 万人；黑龙江常住人口从 2003 年的 3815 万人增加到 2010 年的 3833 万人，此后也进入下降通道，2012 年为 3724 万人，比十年前减少了 91 万人（见表 3 - 7）。

虽然吉林和黑龙江两省常住人数有所下降，但降幅还不太大，总体保持了相对稳定，其原因：一是人口自然增长率保持相对较高的水平，二是经济社会发展较快，能够提供比较稳定的就业。

（2）新时代实施东北振兴战略常住人口总体态势

2012 年以来，东北三省常住人口呈现持续下降态势，下降幅度有逐年增大趋势（见图 3 - 9）。2021 年，东北三省常住人口总数为 9729 万人，接近 1 亿人，规模依然较大，但与 2003 年以来三省常住人口合计最高的 2010 年相比，减少了 1226 万人。从东北三省内部来看，2021 年辽宁、吉林、黑龙江常住人口为 4229 万人、2375 万人、3125 万人，比 2010 年分别减少 146 万人、372 万人和 708 万人，黑龙江是流失人口最多的省份。造成人口下降的主要原因有以下几方面。

一是东北执行计划生育政策最为彻底，人口自然增长率显著低于全国平均水平（见图 3 - 10）。同时东北三省进入深度老龄化阶段，2021 年辽宁老年人口抚养比为 26.7%，为全国最高水平，东北三省老年人口抚养比均已高于 20%（见图 3 - 11），进一步降低了人口自然增长率。

二是人口流失严重。2012 年以来，东北三省经济增速下滑，重化工业进入低迷阶段，新兴产业发展滞后，为年轻人可以提供的就业机会、发展机会相对于南方发达地区少，导致人口流失不断加重，目前已成为全国流失人口最多的区域之一。

三是由于东北经济低迷叠加冬季气候寒冷等原因，吸引外来人口较少。

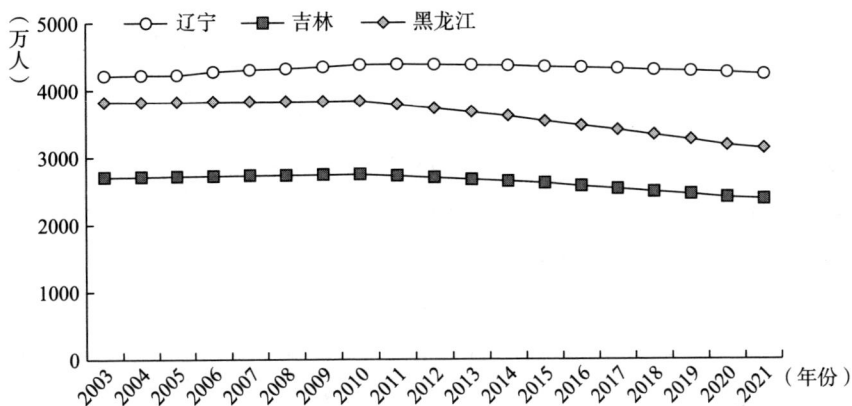

图 3 - 9　2003～2021 年东北三省常住人口

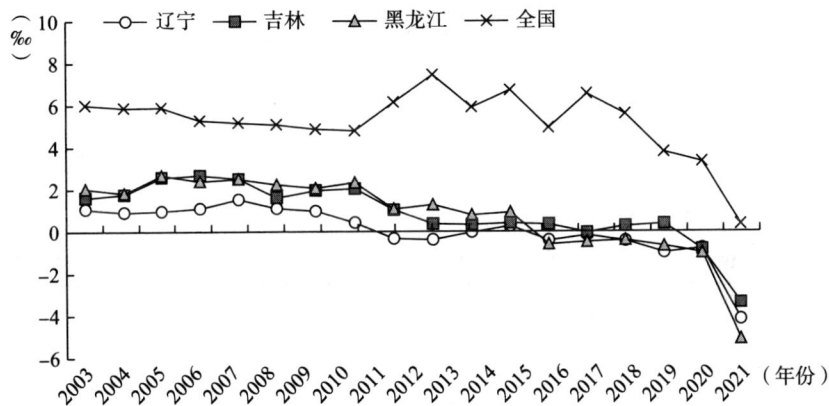

图 3 - 10　2003～2021 年东北三省人口自然增长率

资料来源：国家统计局。

表 3 - 7　2003～2021 年东北三省常住人口及其在全国所占比重

单位：万人，%

年份	常住人口数				常住人口在全国的占比			
	辽宁	吉林	黑龙江	全国	辽宁	吉林	黑龙江	合计占比
2003	4210	2704	3815	129227	3.26	2.09	2.95	8.30
2004	4217	2709	3817	129988	3.24	2.08	2.94	8.26
2005	4221	2716	3820	130756	3.23	2.08	2.92	8.23

续表

年份	常住人口数				常住人口在全国的占比			
	辽宁	吉林	黑龙江	全国	辽宁	吉林	黑龙江	合计占比
2006	4271	2723	3823	131448	3.25	2.07	2.91	8.23
2007	4298	2730	3824	132129	3.25	2.07	2.89	8.21
2008	4315	2734	3825	132802	3.25	2.06	2.88	8.19
2009	4341	2740	3826	133450	3.25	2.05	2.87	8.17
2010	4375	2747	3833	134091	3.26	2.05	2.86	8.17
2011	4379	2725	3782	134916	3.25	2.02	2.80	8.07
2012	4375	2698	3724	135922	3.22	1.98	2.74	7.94
2013	4365	2668	3666	136726	3.19	1.95	2.68	7.83
2014	4358	2642	3608	137646	3.17	1.92	2.62	7.71
2015	4338	2613	3529	138326	3.14	1.89	2.55	7.58
2016	4327	2567	3463	139232	3.11	1.84	2.49	7.44
2017	4312	2526	3399	140011	3.08	1.80	2.43	7.31
2018	4291	2484	3327	140541	3.05	1.77	2.37	7.19
2019	4277	2448	3255	141008	3.03	1.74	2.31	7.08
2020	4255	2399	3171	141212	3.01	1.70	2.25	6.96
2021	4229	2375	3125	141260	2.99	1.68	2.21	6.89

资料来源：国家统计局。

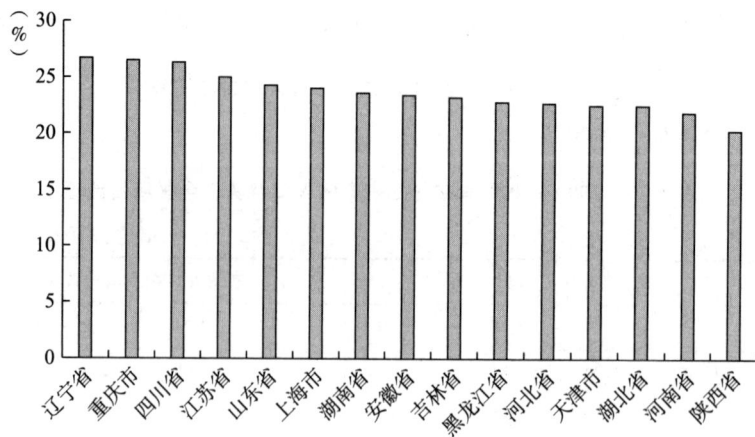

图 3-11   2021 年老年人口抚养比高于 20% 的省份

（二）成效与反思

1. 取得的成效

综合来看，二十多年来实施东北振兴战略取得的总体成效有以下几方面。

一是东北地区由衰退转向平稳发展，由生存问题转为发展问题。

二是很大程度上解决了历史遗留问题，企业办社会职能、历史负债、社会保障等问题基本得到解决。

三是体制机制改革取得重大进展，公有制企业改革实现根本性突破，重构了微观市场主体，营商环境显著改善。

四是产业竞争力实现提升，装备制造业、冶金新材料产业、石化及精细化工产业基地建立起来。

五是随着企业改制和社保体系的完善，民生事业得到根本性改善，百姓收入持续提升，社会大局稳定。

六是城市更新及工业区搬迁改造成效显著，城市面貌焕然一新，生态环境持续改善。

七是资源枯竭型城市持续推进产业转型，相关问题得到有效缓解。

八是推进区域开放成效显著，连通欧亚、通关达海的战略区位优势凸显，在东北亚发挥的作用提升。

2. 反思的问题

值得反思的问题有以下几个。

一是体制性结构性深层次矛盾没有得到根本性解决，央地融合有待提升，市场活力不足。

二是部分历史遗留问题仍存在，资源型城市数量多、转型难度大，全国 69 个城市东北三省占 21 家，接续产业发展不够理想。

三是营商环境仍是制约东北振兴的基础性问题，虽然取得显著成效，但与南方发达地区相比仍有较大差距。

四是新兴产业没有发展起来，传统产业链条短，附加值低，新旧动能转换滞后。

五是科技创新资源没有得到充分利用，创新能力不强，成果本地转化率低。

二 "两个问题"深层次矛盾的动态变化及当前表征

习近平总书记在 2018 年深入推进东北振兴座谈会上再次谈到，"东北地区遇到的困难和问题，归根结底仍然是体制机制问题，是产业结构、经济结构问题"。习近平总书记阐释的"两个问题"——体制性问题、结构性问题贯穿东北工业发展史，是东北老工业基地一直存在和制约地区发展的深层次矛盾，"两个问题"的形成与演进体现为以下几方面。

(一) 20 世纪三四十年代，日本为攫取我国资源在东北地区发展重矿工业，奠定了东北工业化初期"畸重"的产业结构

20 世纪 30 ~ 40 年代，日本以"满铁"为中心对东北实行"经济统制"政策，东北成为日本经济体系的附庸。这个时期日本在辽宁地区投资重点是建立以奉天市铁西工业区为主的加工工业体系，直接造成辽宁重化工业初加工产业的畸形扩张。东北多种矿物质资源被疯狂掠夺，比如钢铁被日本昭和制钢所掠夺、抚顺西炼油厂 93% 以上产量被掠夺。这一时期东北民族工商业被严重摧残，日本对东北工矿业疯狂掠夺，把东北作为其工业原料基地和半成品生产地区，在东北全力投资军事工业生产，导致东北地区工业经济畸形发展，工矿业畸形膨胀，东北沦为日本工业原料基地、日本侵略战争的战略物资供应基地，而关系人民生活的轻工业被限制发展，使东北陷入工矿业畸形膨胀、农副业及轻工业停滞不前、产业比例严重失调的状态。

(二) 新中国成立后至 20 世纪六七十年代，东北企业体制性矛盾和结构性矛盾深化

新中国成立后，国家把钢铁、机械、煤炭、电力等重工业项目布局在东北地区，重点放在辽宁，1949 ~ 1952 年辽宁重工业投资占总投资的 86.93%。"一五"时期，东北地区继续贯彻国家优先发展重工业的方针，辽宁重化工业投资与轻工业投资比重分别为 94% 和 6%，导致"重工业太

重，轻工业太轻"的现象。在传统重工业区，如抚顺、本溪、鞍山，其轻工业所占比重只有 3%、5%、2%。高度集中的计划经济体制随着"一五"计划的推进建立起来，计划经济管理体制在东北工业经济中的主要表现形式就是过度的计划调拨和统购包销，东北每年调出大量生产资料和产品，支援全国各地技术工人，很多技术骨干在此期间抽调离开，在内地省份援建了一批企业。"一五"计划之后，东北地区基本建成了向全国提供原材料和机电设备为主的重工业基地，为支持全国建设做出了重要贡献。

但作为计划经济先行者的东北工业，由于大面积的统购统销、过度物资调拨，减少了企业利润留存，严重影响了企业生产发展基金，对于企业扩大再生产、技术改造等后续生产发展带来了阻碍和隐患，使企业难以持续推进技术升级。到 20 世纪 70 年代初期，深层次体制机制矛盾导致的东北企业工艺技术落后、设备陈旧、生产效率低等问题已非常突出。

（三）20 世纪 80 年代，财政和价格双轨制导致矛盾爆发，东北出现衰退

20 世纪 80 年代，作为计划经济向市场经济过渡的产物，由市场和政府共同推进的价格双轨制开始实施。价格双轨制是在经济结构调整、地方分权、企业改革及乡镇企业发展的大背景下推进的，提升了企业的自主权，增强了其发展的积极性，为国有企业进入市场奠定了基础。但价格双轨制没有缓解东北地区的"两个问题"，反而进一步强化。其一，改革开放后，当时国家逐步放开生产资料价格，开始实行价格双轨制，但东北重要的原材料仍然实行的是计划价格调拨制度。80 年代初期，辽宁、吉林、黑龙江每年的本级财政支出是财政收入的 3～6 倍，辽宁多年为国家上缴的税收在全国排名第一。企业发展后劲明显不足，无力进行结构转型升级。其二，基本建设投资"拨改贷"政策的实施对当时东北企业发展更加不利，企业再生产和技术改造资金极其紧张，成为企业发展的最大瓶颈，导致企业大面积亏损。其三，单一的计划经济为主的经济体制没有真正改变，市场调节非常有限，既依赖政府又希望从市场获利的心态使国企的行为失调，权力和利益不对称，自我约束机制没有形成。其四，南方乡镇企

业兴起，率先改革开放的东南沿海新兴工业区凭借市场机制与老工业区竞争，以引进的先进设备和原材料替代老工业区缺乏竞争力的同类产品，实际上已将结构与体制先天不足的东北老工业区推上了与国际资本间接竞争的市场，使得东北三省在原来结构性矛盾的基础上，发展困难加剧。

受传统计划经济体制制约的东北工业——特别是轻工业在市场中缺乏竞争力，调整轻重工业比重的努力没有取得成效。东北老工业基地衰退态势凸显，经济发展速度低于全国平均水平，工业产值在全国的比重不断下降，成为全国关注的"东北现象"。

（四）2003 年以来的第一轮振兴虽极大缓解了两个矛盾，但并未从根本上消除

东北振兴战略实施以后，由于大力推进国有企业股份制改革、企业分离办社会职能、厂办大集体改革、完善社会保险制度等工作，同时适逢全球进入重化工业景气周期，东北在振兴前十年取得了较好的振兴成效。2003～2012 年东北振兴战略实施十年间，东北经济整体增速要高出全国增速约 2 个百分点，其中后五年间，东北经济增速更是高出全国约 3 个百分点，基本摆脱了经济增长相对衰退的困境，东北地区"两个问题"得到了极大的缓解。

尽管"两个问题"贯穿东北老工业基地发展史，但其表征却一直在发生变化。当前，其表征已经转变为传统重化工业的高技术化要求与较低市场化水平制约高新技术要素集聚的矛盾，新产业、新业态、新模式等孕育、成长、壮大的产业生态需求与市场体系不完善制约新经济要素集聚的矛盾。

但"两个问题"并未从根本上得到解决，并在新的时期，矛盾演化出新的特征。老工业基地是传统观念、传统体制、传统产业三位一体相互作用的产物，计划经济惯性导致东北地区民众思想不解放，缺乏敢想敢试的激情和动力；营商环境不完善，市场主体活力不足；市场化程度低，国有企业改革进展慢；资源型城市主导产业衰退，接续产业亟待发展；传统产业与新一代信息技术融合慢，战略性新兴产业没有发展起来；"畸重"的产业结构没有明显变化，新旧动能转换"青黄不接"。总体来看，"两个问题"的深层次矛盾仍然存在，东北经济没有从根本上构建起内生增长动力，经济发展步履蹒跚，在全国的地位持续下滑。

三　当前面临的新形势、新挑战、新机遇

当前，外部环境风云变幻，新时代东北振兴面临着新的机遇与挑战。我国发展进入战略机遇和风险调整并存、不确定难预料因素增多的时期，各种"黑天鹅""灰犀牛"事件随时可能发生。面对日益复杂严峻的国内外形势，习近平总书记指出：机遇和挑战都有新的发展变化，机遇更具战略性、可塑性，挑战更具有复杂性、全局性。在省部级主要领导干部"学习习近平总书记重要讲话精神，迎接党的二十大"专题研讨班上，习近平总书记作出了"我国发展面临新的战略机遇、新的战略任务、新的战略阶段、新的战略要求、新的战略环境"的战略判断，为新时代东北振兴把握机遇、科学有力应对风险挑战提供了根本遵循。

（一）国际形势：百年未有之动荡变革期

当前，世界百年未有之大变局加速演进，新一轮科技革命和产业变革深入发展，国际力量对比深刻调整，我国发展面临新的战略机遇。同时，世纪疫情影响深远，逆全球化思潮抬头，单边主义、保护主义明显上升，世界经济复苏乏力，局部冲突和动荡频发，全球性问题加剧，世界进入新的动荡变革期。

新一轮科技革命和产业变革向纵深发展。全球科技创新进入空前密集活跃期，为世界经济发展带来重大历史机遇。人工智能、物联网、大数据、云计算、区块链等新一代信息技术与传统产业深度融合并加速应用，其发展速度之快、辐射范围之广、影响程度之深前所未有，形成新的生产方式、产业形态、商业模式和新的经济增长点。

国际格局、国际生产体系与全球治理体系正在发生深刻调整。国际力量此消彼长，新兴经济体和发展中国家整体崛起，使国际格局"东升西降"的趋势更加显著，以中美等为代表的世界大国之间角力日益加剧，世

界范围内的逆全球化暗流涌动，单边主义、保护主义、霸权主义等抬头。新冠肺炎疫情叠加俄乌冲突等地缘政治问题，对全球贸易、金融、能源、粮食、物流和供应链等产生严重冲击，全球治理赤字、信任赤字、发展赤字、和平赤字有增无减。受新工业革命、新冠肺炎疫情、地缘政治冲突等因素影响，国际生产体系和价值链重构加速，正在改变生产附加值的地域分布、全球价值链的长度以及其重组方向和治理模式。在世界大变局之下，全球治理体系和治理规则正在以构建"人类命运共同体"为核心理念进行深刻调整。

全球经济或将陷入 80 年来最大幅度衰退。世界银行的研究显示，全球多国央行 2022 年一直在以过去 50 年未曾见过的同步程度加息以应对通胀，如果叠加金融市场压力，数个全球衰退的历史指标发出警告，全球经济目前处于自 1970 年衰退后的最严重下滑，全球经济预计在 2024 年保持较低增长速度，在俄乌冲突等一系列风险挑战下，全球经济将可能进入高利率、高通胀、高债务和低增长的"三高一低"格局。

（二）国内形势：三重压力下的战略机遇期

党的二十大胜利召开，标志着中国进入全面建成社会主义现代化强国、实现第二个百年奋斗目标，以中国式现代化全面推进中华民族伟大复兴的新征程。我国正处于中华民族伟大复兴战略全局叠加世界百年未有之大变局、世界新一轮科技革命和产业变革叠加我国转变发展方式新发展阶段，需在战略机遇期的背景下认识当前面临的风险挑战。

我国经济发展面临需求收缩、供给冲击、预期转弱三重压力。这是 2021 年中央经济工作会议对我国当前经济发展形势做出的判断，2022 年的政府工作报告再次强调中国经济仍将面临"三重压力"的挑战，从某种意义上说，这正是全球性变革和风险加剧在国内经济领域的投射。尽管习近平总书记在 2023 年 4 月 28 日中共中央政治局会议上提出，2023 年以来我国"需求收缩、供给冲击、预期转弱三重压力得到缓解"，但从上述表述来看显然压力仍然存在。

短期来看，"需求收缩"的核心表现是消费和投资两大内需恢复偏慢；"供给冲击"的主要表现是在国际大宗商品价格大幅上涨与能源供应紧张等多重因素影响下企业的生产约束加大，生产成本上升；"预期转弱"主要表现在全球经济增长乏力的大环境下企业和居民等微观个体对未来经济增长预期的减弱。从中长期来看，"三重压力"是经济增长速度换挡期、结构调整阵痛期、前期刺激政策消化期"三期叠加"的进一步延续。"十四五"时期，"三重压力"会持续存在且有新变化，需要根据变化调整应对策略。

全国统一大市场建设为构建新发展格局带来制度红利。2022年中共中央、国务院发布了《关于加快建设全国统一大市场的意见》，这是"十四五"及今后一段时期建设全国统一大市场的行动纲领，明确了加快建立全国统一的市场基础规则、高标准联通的市场设施、统一的商品与服务市场、公平监管体系，以及对不正当市场行为的干预，为建设高水平社会主义市场经济体制提供了坚强支撑。建设全国统一大市场是一项基础性制度改革，是把握未来发展主动权的战略性布局，为国内经济发展提供了巨大的机遇和市场空间。

区域全面经济伙伴关系协定（RCEP）生效为中国经济发展带来重大机遇。RCEP于2022年1月1日正式生效，为维护全球贸易自由化和恢复经济发展注入了一针强心剂，对于促进区域供应链调整、降低跨境交易成本、促进区域内出口和投资意义重大。RCEP生效顺应了全球发展新变局，为中国参与区域产业链价值链重构提供制度支撑，强化了区域内合作共识，构建了紧密的区域贸易网络和产业分工体系，为中国参与区域产业链价值链重构营造了有利环境和发展动力。同时，中国在产业发展上将受到来自日本和韩国在中高端制造业领域、来自东盟中低端制造领域和新西兰农产品领域的挑战，服务贸易、投资便利化等方面与RCEP接轨还存在一定差距。

稳增长政策措施陆续出台，成为拉动经济增长的重要动力。2022年5月25日，国务院召开全国稳住经济大盘电视电话会议，提出要坚定信心、迎难而上，把稳增长放在更加突出位置，着力保市场主体以保就业保民生，保护中国经济韧性。2022年5月31日，国务院发布扎实稳住经济的一揽子政策措施，加大了宏观政策调节力度，着力打通制约经济循环的卡点、堵点，合理扩大有效需求，确保粮食、能源、产业链供应链安全稳定，为经济持续稳定发展带来新动能。

（三）东北形势：实现全面振兴新突破的关键期

"十四五"时期，东北地区进入全面振兴、全方位振兴新阶段，立足国内外发展形势，东北在全面振兴、全方位振兴中既面临着外部更复杂严峻的新挑战，也面临着结构性、体制性、周期性问题相互交织所带来的新问题。从区域竞争来看，我国长三角、珠三角、京津冀等动力源地区引擎作用不断增强，中西部地区经济增速连续多年高于东部地区，东北经济增长仍相对滞后，促进经济社会发展的任务艰巨。

习近平总书记的高度重视、党中央国务院的政策支持给东北振兴发展带来重大机遇。2022年8月习近平总书记再次来到东北考察，他指出：党的十八大以来，党中央实施深入推进东北振兴战略，我们对新时代东北全面振兴充满信心，也充满期待；要在新时代东北振兴上展现更大担当和作为，奋力开创辽宁振兴发展新局面。习近平总书记对东北振兴寄予厚望，在党的二十大召开前夕，再次来到辽宁并作出重要指示，充分体现了对新时代东北振兴的高度重视，极大地提振了东北振兴发展的信心和士气。在国家加快构建新发展格局的大背景下，2021年国务院批复同意《东北全面振兴"十四五"实施方案》《辽宁沿海经济带高质量发展规划》，2023年10月，中央政治局会议审议通过了《关于进一步推动新时代东北全面振兴取得新突破若干政策措施的意见》，叠加"一带一路"建设等重大战略，有利于东北发挥优势、补齐短板，增强高质量发展动能。全国统一大市场的建设，有利于东北推动改革系统集成和协同高效，加快破除深层次体制机制障碍，构建高水平开放型经济新体制。RCEP生效，为东北在更高质量和更高水平上进行贸易合作提供了更有力的保障。

持续推进创新环境建设是东北推进全面振兴的重中之重。从当前各地争相布局创新资源和高度重视创新发展来看，区域竞争已进入创新赛道。习近平在辽宁考察时强调，要实施创新驱动发展战略，格外重视自主创新，格外重视创新环境建设。近年来东北地区也提出要坚持创新生态、创新平台、创新人才"三位一体"推进，格外重视创新环境建设，营造良好创新生态，激发创新主体活力。面对新一轮科技革命和产业变革纵深发展带来的新机遇，当前东北尚未形成基于创新驱动发展的区域比较优势和全球市场分工竞争优势，未来几年持续深入推进创新环境和创新能力建设是东北实现全面振兴新突破的关键所在。

促进数字化与绿色化协同转型发展是东北经济实现高质量发展的必由之路。数字化、绿色化日益成为全球经济社会转型发展的趋势，"十四五"时期，东北既面临着数字化转型深入发展的任务，也面临着行业绿色发展的约束，促进数字技术与绿色技术协同作用是东北实现新突破的核心驱动力。未来应着力于在数字化转型中落实绿色发展，在绿色发展中坚持数字化驱动，构建数字化与绿色发展相融合的生态体系。

四　推进新时代东北振兴的总体思路

党的十八大以来，东北地区进入全面振兴新阶段，推进东北全面振兴要深入贯彻习近平新时代中国特色社会主义思想，贯彻落实习近平总书记关于东北振兴的重要讲话和指示批示精神，立足新发展阶段，贯彻新发展理念，构建新发展格局，推动高质量发展。要针对制约振兴发展的体制性、机制性、结构性深层次矛盾，以提升市场化水平、打破结构性陷阱、促进民营经济发展、充分发挥区域比较优势等为着力点和突破口，构建支撑东北地区长周期发展的动力机制，推动"十四五"末期实现东北振兴新突破，到2035年实现全面振兴、全方位振兴。

（一）习近平总书记对新时代东北振兴指明了发展方向，提升格局是关键

习近平总书记高度关注东北发展，指出新时代东北振兴是全面振兴、全方位振兴，要维护国家国防安全、粮食安全、生态安全、能源安全、产业安全，要做好改造升级"老字号"、深度开发"原字号"、培育壮大"新字号"三篇大文章，明晰了东北振兴的发展思路。新时代东北振兴要提升格局，从国家发展大局上谋划东北振兴发展，深入研究东北在未来一段时间里要承担什么角色，承载哪些功能，如何展现新气象、新担当、新

作为。深入贯彻落实习近平总书记的重要讲话和指示精神,补齐"四个短板"、落实"五大安全"政治责任、做好"六项重点工作",推进高质量发展,是"十四五"及更长一段时期东北地区的重要任务。

(二)区域竞争中仍处于下降趋势,保持定力是重点

2003年开始实施第一轮东北振兴战略成效显著,基本解决了下岗失业人员社会保障、企业办社会职能等历史遗留问题,经济社会总体保持了平稳发展。但深层次矛盾没有从根本上解决,发展理念、发展环境、体制机制等制约东北发展的计划经济惯性仍然存在,长周期发展的动力机制没有建立起来,传统产业自主创新能力不强,缺乏核心技术,新产业、新业态、新模式发育不足,产业转型升级进展不快,区域竞争仍处于下降趋势。2020年,辽宁、吉林、黑龙江三省的GDP全国排名分别为第16位、26位、25位,同2018年相比都下降了两位。面对这种态势,东北地区要保持战略定力,把重心放在解放思想、完善营商环境、推进重点领域改革等构建长周期发展动力机制上,不要为短期的增长而牺牲长期的发展,着力打造新动能、培育新优势。

(三)外部环境面临深刻变化,高质量发展是主题

当前世界经济呈现衰退态势。世界经合组织(OECD)2022年11月发布报告预测,全球经济增速2023年下降到2.2%,呈显著下滑态势;预测美国为0.5%,欧元区19国为0.5%。2022年10月联合国贸发会议发布《2022贸易与发展报告》,预测2023年经济增速将放缓至2.2%。

我国已转向高质量发展阶段,提出了构建新发展格局的重大战略,加速推进数字化转型,并为实现碳达峰、碳中和重点发力。国际金融论坛(IFF)2022全球年会在2022年底发布《2022年全球金融与发展报告》,预测2023年中国经济有望增长4.6%。中华民族伟大复兴的战略全局和世界百年未有之大变局是谋划新时代东北振兴工作的基本出发点,新发展阶段、新发展理念、新发展格局对东北振兴提出更高要求,在推进产业结构升级的同时要瞄准国家碳达峰、碳中和目标,扩大内需战略基点要和供给侧结构性改革主线有机结合起来,要从东北亚经济圈和环渤海经济圈的视

角统筹、完善东北区域发展格局。

（四）实现全面振兴全方位振兴的时间表已明确，真抓实干是路径

东北三省都提出了到"十四五"末期实现振兴发展新突破，到2035年实现全面振兴、全方位振兴的发展目标。辽宁提出，到2035年要建成数字辽宁、智造强省，跻身创新型省份前列，在国家发展大局中的战略地位更加重要；吉林提出，到2030年实现吉林全面振兴、全方位振兴，营商环境进入全国第一方阵，到2035年创新能力进入全国前列；黑龙江提出，到2035年全面建成工业强省、农业强省、科教强省、生态强省、文化强省、旅游强省，实现黑龙江全面振兴、全方位振兴。东北地区要根据"十四五"规划制定的时间表，牢牢把握立足新发展阶段、贯彻新发展理念、构建新发展格局的丰富内涵和实践要求，进一步解放思想，增强机遇意识和风险意识，撸起袖子加油干，加快推进全面振兴、全方位振兴进程。

第四章　全力提升市场化水平

——基于解决"体制性"问题的着力点

回眸百年，中国共产党领导中国人民进行革命、建设、改革取得了伟大成就，其中建立、完善和发展社会主义市场经济是中国共产党百年奋斗重大成就和历史经验之一，中国共产党领导下的社会主义制度与市场经济的结合是一个伟大创造，走出了中国式的现代化道路，创造了中国经济快速发展的伟大奇迹。

纵观中国社会主义市场经济发展历程，党的十一届三中全会拉开中国市场化大潮的序幕；党的十四大及十四届三中全会确立社会主义市场经济体制改革方向和基本框架；党的十六大及十六届三中全会主张坚持公有制为主体、促进非公有制经济发展，健全现代市场体系；党的十八大及十八届三中全会开启全面深化改革新时代，科学定位政府和市场的关系，"使市场在资源配置中起决定性作用和更好发挥政府作用"；党的十九届四中全会第一次将社会主义市场经济体制提升至基本经济制度层面，党的十九届五中全会进一步系统部署构建高水平社会主义市场经济体制；党的二十大提出"构建高水平社会主义市场经济体制"。中国市场化改革理论和实践的每一次重大突破、创新和深化发展，都是在中国共产党领导下实现的，都是对中国经济发展的一次巨大推动。

当前，随着社会主义市场经济体制的逐步发展和完善，中国统一开放、竞争有序的现代市场体系正在形成，市场化进程逐步向纵深推进，特别是党的十八大以来，开启了中国社会主义市场经济建设新征程。但是中国市场经济发展还有很多不完善的地方，如，市场在资源配置中还没有起到决定性作用，市场化水平在地区之间表现出非均衡性特征——特别是东北地区，2014年以来经济增长乏力，增速总体低于全国平均水平，深层次矛盾凸显，市场体系不健全、市场发育不充分是重要原因之一。很多研究（卢中原、胡鞍钢等，1993；樊纲等，2001；康继军等，2009；孙晓华等，2015；朱显平等，2016；卢现祥，2021；等等）表明，市场化改革促进了经济增长，两者呈高度正相关，不同地区之间市场化水平的非同步性是造成经济增长差异的重要原因。在全面建设社会主义现代化新阶段，对于不同地区市场化水平的比较，将为构建高水平社会主义市场经济体制、建设高标准市场体系等市场化发展提供理论依据和政策启示。

一　市场化相关研究综述

简而言之，市场经济的发育程度即为市场化，经济市场化就是社会经济活动中生产、分配、交换、消费等再生产过程的各个领域以市场为主导的状态，它包含着市场机制、市场体系、市场主体以及市场经济规律等一系列基本内容。[①] 从中国的发展实践来看，中国的市场化经历了从市场调节为辅，到市场在资源配置中起基础性作用，再到市场在资源配置中起决定性作用的演变过程。从不同学者对市场化的理解来看，市场化应该是一个动态过程的概念，不同时期市场化改革的内容和侧重点是不同的。因此，笔者认为，中国的市场化应包含市场机制、市场体系以及市场秩序等改革内容，而且所包含的内容是应该有时代特征和烙印的。按照党的十八大、十八届三中全会、十九大及十九届四中及五中全会、二十大对社会主义市场经济的阐释，当前中国的市场化应是"使市场在资源配置中起决定性作用和更好发挥政府作用"的过程，是"以完善产权制度和要素市场化配置为重点"的市场经济体制改革的过程，是建设高标准市场体系，形成"实现产权有效激励、要素自由流动、价格反应灵活、竞争公平有序、企业优胜劣汰"市场环境的过程，它应是包含高质量、现代化、高水平开放等时代特性的概念，应与中国高质量发展目标、现代化市场体系建设目标、更高水平开放型经济体制建设、国家治理体系与治理能力现代化等发展要求相契合。

---

① 陈宗胜等.中国经济体制市场化进程研究［M］.上海：上海人民出版社，1999：6.

依据对市场化概念的不同理解，使用不同的研究指标和方法，市场化水平的测算结果也就千差万别。

从国外相关研究看，对市场化水平进行实证评估主要从经济自由度的角度来测算，较为有影响的研究来自加拿大弗拉瑟研究所（Fraser Institute）和美国传统基金会（Heritage Fundation）。1972 年，加拿大弗拉瑟研究所最早开始对全球经济自由度进行测评，选取了政府规模、经济结构与市场运作、货币政策与价格稳定性、使用不同通货的自由、法律结构与私有权保护、对外贸易自由、资本市场上交换的自由共七个领域的 23 项指标，测算了世界一百多个国家的经济自由度指数（EFW Index），每年出版《年度世界经济自由度报告》，成为全球历史最悠久、被引用最多、具有较强影响力的经济自由度指数。① 1995 年，美国传统基金会选取了贸易自由、财政自由、商业自由、货币自由、投资自由、融资自由、劳动自由、免受腐败的自由、产权、政府规模共十个方面 50 个指标，首次对全球经济自由化进行了测算并连续多年出版了《经济自由（化）指数》（Index of Economic Freedom）。除此之外，世界银行有关经济转轨报告，欧洲复兴与开发银行的改革进展指数（IRP）等也都对经济自由化作了分析。

从国内研究来看，对于市场化水平的测算基本上始于 20 世纪 90 年代社会主义市场经济体制改革目标和基本框架确立以后，随着市场化改革的不断推进，有关市场化程度的测算及研究成为热点，研究领域逐渐拓宽，从最初关注经济总体市场化测算拓展到相关区域、不同部门和要素的市场化测算研究，其中比较有影响力、反复被借鉴和综述的，主要有以下代表性人物和机构。

最早对市场化进行定量分析的是卢中原、胡鞍钢（1993），他们从投资市场化、价格市场化、工业生产市场化和商业市场化四个方面的指数加权得到 1979～1992 年综合市场化指数。国家计委课题组（1996）从生产和流通环节中商品市场化程度、劳动力和资金市场的要素市场化水平角

① 韩士专. 中国市场化程度的判断与预测——基于加拿大弗拉瑟研究所"世界经济自由度"的视角 [J]. 统计与信息论坛，2008（09）：41–48.

度，通过加权平均计算得出 1994 年我国经济总体市场化程度为 65% 的判断，这应该是比较乐观的测算结果。顾海兵（1997）从劳动力、资金、生产、价格四个方面对中国市场化程度进行了相对保守的测算，认为 1994 年总体市场化水平不会超过 35%，预测到 2020 年中国市场化水平会达到 65%。陈宗胜等人（1999）从体制结构、产业部门、地区差别等三个方面 11 个领域分别测算了不同部门和领域的市场化水平，最终得出 1997 年我国总体市场化水平达到 60% 的结论。北京师范大学李晓西等人（2003、2005、2008）立足国际贸易视角，借鉴美国传统基金会评价标准和方法，连续多年对中国改革开放以来的市场化程度进行了测算，得出 2001 年中国市场化指数达到 69% 并成为 WTO 规则意义上的市场经济国家的结论。还有江晓薇（1995）、常修泽（1998）、董晓宇（2010）等也都从不同角度对中国市场化水平进行了测算。

上述研究者都用百分比来表示市场化完成程度，还有一些学者认为市场化无绝对衡量标准，应从相对意义上测算不同地区市场化水平，影响最为广泛的就是樊纲、王小鲁等人的相对市场化指数。从 2000 年开始，他们从政府与市场关系、非国有经济发展、产品市场发育程度、要素市场发育程度、市场中介组织的发育程度和法治环境五个方面，用标准化数据系统测算中国各省份和地区市场化相对水平变化，形成了中国市场化指数数据库。之后刘丽（2011）、宋月明（2016）、孟文强（2019）、王磊（2021）等学者也都借鉴采用了此方法。另外，庄晓玖（2007）、钱忠好（2020）、卢现祥（2021）等分别从金融、土地、要素市场等对中国某一具体领域市场化水平进行了测算和研究。

经济市场化是一个复杂的演进过程，涉及经济发展的各个方面，尽管很多学者从时间序列指标上对改革开放以来我国市场化程度做了很多的测算，并有学者依据测算结果对市场化发展过程进行了历史分段分析，但党的十八大以来中国的市场化进程进入了新发展阶段，鲜有人将党的十八大以来新时代的数字经济、现代化市场体系等发展元素融入我国总体及地区市场化程度测算与研究当中，本文基于此作一尝试。

二 中国区域市场化水平指数的设计

党的十八大以来，我国以经济体制改革为重点的全面深化改革取得历史性成就，经济发展理念和发展方式发生深刻变革，市场经济体制更加完善，社会主义市场经济发展进入"使市场在资源配置中起决定性作用"的新阶段。十八大以来的相关政策文件对市场经济及市场化发展最新解释和定义是本文分析的基础和依据。2020年，中共中央、国务院印发的《关于新时代加快完善社会主义市场经济体制的意见》强调，当前和今后一个时期，要以产权制度和要素市场化配置为重点，全面深化经济体制改革，构建更加系统完备、更加成熟定型的高水平社会主义市场经济体制。本文市场化指数的设计力求体现市场化的时代特征，更侧重于将市场化与现代化、要素配置、产权制度、数字经济、高水平对外开放等多方面联系起来。

（一）指数的构建

因为无法穷尽所有方面对动态的市场化进程进行一个全面的概括和界定，笔者认为对市场化水平的绝对判断是很难实现的，因此，我们立足当前市场化改革发展的新内涵，借鉴樊纲等人的研究方法，从政府规范化与营商环境、市场主体与现代市场体系培育、要素市场化、对外开放四个方面来建立指标体系综合测算党的十八大以来中国总体及地区市场化水平的相对指数，重点比较东北地区与长三角地区、京津冀地区的差异特征，以资为相关地区经济发展提供借鉴。

市场化水平指数体系由14个相对基础指标构成，经过标准化处理，合成四个分项指数，再由四个分项指数合成总指数（见表4-1）。基础指标的选择尽可能兼顾指标的代表性与独立性、数据可获得性和可持续性。

政府规范化与营商环境指数包含了有为政府与有效市场的融合、营商环境、产权制度、人的观念等方面，随着市场经济改革的逐步推进，政府职能主要向规范化的服务型政府转变，要为市场经济发展营造高质量市场经济运行机制和运行环境，理顺政府和市场的关系，规范经济秩序，建设中国特色社会主义市场经济。这里选择（GDP-地方政府财政一般预算收入）/GDP①、地区信贷总额占 GDP 比重、国内专利申请受理量与授权量占 GDP 的比重以及私营固定资产投资占全社会固定资产投资总额的比重指标来衡量市场化完善程度。

市场主体与现代市场体系培育指数主要包含了市场经济主体（尤其是有活力的民营企业）和市场运行载体（现代市场体系）等内容。党的十九届五中全会提出"要激发各类市场主体活力""建设高标准市场体系"，市场主体和高标准市场体系是现代市场经济的重要组成部分。这里选择每万人口中私营企业法人单位数、私营工业企业资产占规模以上工业企业总资产比重、亿元以上商品交易市场成交额占社会消费品零售总额比重、有电子商务交易活动的企业比重来衡量市场化完善程度。

要素市场化指数主要包括推动土地、劳动力、资本、技术、数据等要素市场化进程，因为我国已经基本形成市场化的产品市场，所以我们未设定商品市场化指标。另外，因为土地等数据的可获得性差，所以这里只选择劳动力、技术、资本方面的指标来衡量要素市场化程度。具体指标为私营和个体就业人员/总就业人员数、技术市场成交额/科学研究和技术服务领域城镇就业人员数、有价证券/地区社会融资规模增量（这里有价证券为企业债券＋非金融企业境内股票融资）。

开放经济体系指数主要反映了经济的国际化程度，利用好国内国际两个市场、两种资源，高水平参与全球分工与合作，实施更大范围、更宽领域、更深层次对外开放是衡量市场发育的重要方面。这里选择对外依存度（进出口总额/GDP）和人均外商投资企业投资额（外商投资企业投资总额与地区人口的比重）指标来衡量市场的国际化程度。

表 4-1 市场化水平指数构成

	分项指数	基础指标
市场化水平指数	政府规范化与营商环境指数	X_1：（GDP－地方政府财政一般预算收入）/GDP
		X_2：地区信贷总额/GDP
		X_3：国内专利申请受理量/GDP

① "GDP－地方政府财政一般预算收入"代表市场可分配资源水平，由"国民收入＝财政收入＋企业收入＋个人收入"公式推导而来。由于国民收入数据不完善，以 GDP 代替。

续表

市场化水平指数	政府规范化与营商环境指数	X_4：国内专利申请授权量/GDP
		X_5：私营固定资产投资/全社会固定资产投资总额
	市场主体与现代市场体系培育指数	X_6：每万人口中私营企业法人单位数
		X_7：私营工业企业资产/规模以上工业企业总资产
		X_8：亿元以上商品交易市场成交额/社会消费品零售总额
		X_9：有电子商务交易活动的企业比重
	要素市场化指数	X_{10}：私营和个体就业人员/总就业人员数
		X_{11}：技术市场成交额/科学研究和技术服务领域城镇就业人员数
		X_{12}：有价证券（企业债券+非金融企业境内股票融资）/地区社会融资规模增量
	开放经济体系指数	X_{13}：对外依存度：进出口总额/GDP
		X_{14}：人均外商投资企业投资额

（二）指数的计算方法及相关处理

对市场化水平指数的计算采用樊纲等人的分级简单算术平均计算方法，按照"基础指标—单项指数—分项指数—总指数"的整合过程计算出总指数。

1. 单项指数的形成：基础指标标准化处理

借鉴国内外相关研究，为使指数具有跨年度可比性和客观性，所有的基础指标数据来自中国及各省（区、市）统计年鉴、中国经济普查数据、中国银行业年报等权威统计，不采用加权平均的计算方法，直接采用算术平均方法，且在计算基础指标得分时设定基期年份，本研究基期年份设定为2013年。具体方法是设定每个基础指标基期年份中的最大值和最小值分别为10和0（分别代表该项指标市场化程度最高和最低省份所达到的水平），各省（区、市）按照指标实际数据在0~10区间内评分。各指标评分只反映各省份和地区在该方面市场化的进展程度，并不代表其市场化的绝对水平。

按照指标性质，对指标分类进行标准化处理，将基础指标值转化为单项相对指数得分，指标标准化处理公式为：

$$t \text{ 年第 } i \text{ 个指标得分} X_{it} = \frac{X_i - X_{\min(0)}}{X_{\max(0)} - X_{\min(0)}} \times 10$$

其中，X_i 为某个地区 t 年第 i 项基础指标的原始值；$X_{\max(0)}$ 为第 i 项指标 30 个省份[①]基年（2013 年）的最大值；$X_{\min(0)}$ 为第 i 项指标 30 个省份基年（2013 年）的最小值。

2. 分项指数和总指数的构成及权重选取

关于权重的选取，由于专家赋权重方法存在较大的主观随机性，主成分分析法确定的分项指数权重会随着时间推移而发生变化，导致市场化指数失去跨年度可比性，借鉴当前国内外相关理论研究，国际上权威机构的自由化指数、国内樊纲等人市场化指数测算都采用了简单平均的方法，因此，这里采取等权重的算术平均法计算分项指数和总指数。

经过标准化处理之后，得到基础指标得分，即单项指数。由同一分类的单项指数算术平均整合得到分项指数，4 个分项指数等权重算术平均整合得到市场化水平总指数。其数学形式为：

$$\text{分项指数 } M_{it} = \sum_{i=1}^{n} X_{it} / n$$

$$\text{市场化水平总指数 } Mt = \sum_{i=1}^{4} M_{it} / 4$$

其中，X_{it} 为某地区第 t 年第 i 个基础指标得分，M_{it} 为某地区第 t 年第 i 个分项指数，n 为分项指数中基础指标的个数。

三　测算结果：东北及其他各省（区、市）市场化水平指数的特征差异

从图 4 - 1 可以看出，我国市场化水平指数除个别年份（2017）有小幅变化之外，2013～2020 年总体上呈上升趋势，年均增长 10.9%。从分项指数来看，市场主体与现代市场体系培育指数、要素市场化指数始终高

------

① 由于数据获取限制，不含港澳台及西藏地区，全文同。

于总指数，这两个分项指数总体呈上升趋势，这也与我国的市场化改革实际相符，党的十八大以来，市场体系建设和要素市场化配置是市场化改革的两个重要方面，这两个分项指数完善程度相对好于其他分项指数。政府规范化与营商环境指数、开放经济体系指数总体上低于市场化水平总指数，有待于进一步提高。

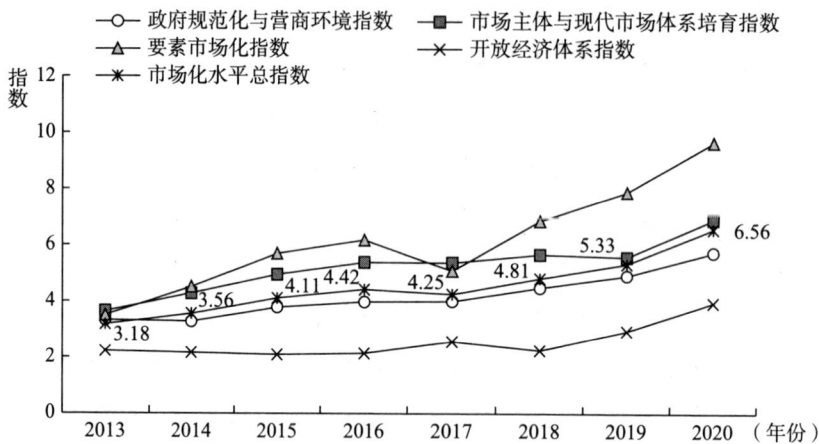

图 4 – 1 2013～2020 年中国市场化水平指数变化

从表 4 – 2 中可以看出中国市场化水平指数，2013～2020 年除个别年份有所波动外，30 个省（区、市）的市场化水平指数大体上是呈上升趋势的，但地区间指数差别很大。2013 年，排名第 1 名的北京市市场化水平指数为 6.75，排名第 30 名的贵州省市场化水平指数为 1.36，只有北京市的 20.15%。2020 年，排名第 1 位的北京市市场化水平指数为 10.85，排名第 30 名的内蒙古自治区市场化水平指数为 2.37，只有北京市的 21.84%。2013～2020 年，市场化水平指数高于全国平均水平的省份个数分别为 8 个、10 个、9 个、10 个、10 个、10 个、9 个和 8 个。每年排名前 10 的地区基本为东部沿海省（市），后 10 位的地区大部分位于西部和东北地区，除个别地区外，区域市场化水平总体上呈东中西梯次递减格局。

从分项指数来看（各分项指数表略），综合 2013～2020 年数据，政府规范化与营商环境指数、市场主体与现代市场体系培育指数表现最好的地区为浙江省，要素市场化指数表现最好的地区为北京市，开放经济体系指数表现最好的地区为上海市。

表 4-2 2013~2020 年中国各省（区、市）市场化水平指数及排名

省（区、市）	2013年 总指数	排名	2014年 总指数	排名	2015年 总指数	排名	2016年 总指数	排名	2017年 总指数	排名	2018年 总指数	排名	2019年 总指数	排名	2020年 总指数	排名
北京	6.75	1	7.36	1	8.85	1	8.73	1	7.62	2	10.48	1	11.11	1	10.85	1
天津	4.40	5	4.78	5	5.54	5	6.20	5	5.60	6	6.84	6	7.62	5	8.58	5
河北	2.20	16	2.68	17	3.05	17	3.35	18	3.47	16	3.92	15	3.96	18	5.21	17
山西	2.03	20	2.47	20	2.83	20	3.25	20	3.07	19	3.14	21	3.22	22	3.96	25
内蒙古	1.73	26	1.94	29	2.46	24	1.67	30	2.14	30	2.05	28	2.56	28	2.37	30
辽宁	3.20	8	3.56	10	4.04	10	3.93	12	3.91	12	4.33	12	4.77	12	5.76	13
吉林	1.83	25	1.99	28	2.42	26	2.76	24	3.44	17	3.73	19	4.03	17	4.44	22
黑龙江	1.93	23	2.07	25	2.16	30	2.41	29	2.28	29	2.29	27	2.79	27	4.28	23
上海	6.32	2	6.87	2	7.92	2	8.28	2	8.34	1	9.40	2	9.93	2	9.21	2
江苏	5.88	3	6.14	4	6.58	4	6.95	4	7.11	3	7.42	3	7.80	3	8.81	3
浙江	5.82	4	6.16	3	6.82	3	7.20	3	6.87	4	7.06	4	7.74	4	8.73	4
安徽	2.88	11	3.51	11	3.83	11	4.00	11	4.08	11	4.32	13	4.71	14	6.06	11
福建	3.05	10	3.64	8	4.20	8	4.58	9	4.27	10	5.23	8	5.47	9	6.16	10
江西	2.39	14	2.75	15	3.56	13	3.47	17	3.34	18	3.83	16	4.30	15	5.34	16
山东	3.15	9	3.63	9	4.19	9	4.63	8	4.58	7	5.47	7	6.13	7	7.83	7
河南	2.13	18	2.22	22	2.44	25	2.44	28	2.45	28	2.76	24	3.04	24	4.19	24
湖北	2.66	12	3.36	12	3.79	12	4.48	10	4.44	8	4.82	10	5.30	10	6.45	9

续表

省 (区、市)	2013 年		2014 年		2015 年		2016 年		2017 年		2018 年		2019 年		2020 年	
	总指数	排名	总指数	排名	总指数	排名	总指数	排名	总指数	排名	总指数	排名	总指数	排名	总指数	排名
湖南	2.45	13	2.97	13	3.32	14	3.70	13	3.62	14	3.78	18	4.29	16	5.82	12
广东	4.15	6	4.37	6	5.09	6	5.61	6	5.90	5	6.98	5	7.48	6	8.12	6
广西	2.01	21	2.61	18	2.96	19	3.16	21	2.93	21	3.11	22	3.42	21	4.74	19
海南	1.67	27	2.27	21	2.39	28	3.62	14	2.67	23	3.99	14	2.98	25	5.14	18
重庆	3.51	7	4.24	7	4.84	7	5.46	7	4.37	9	5.06	9	5.00	11	5.58	14
四川	2.11	19	2.52	19	3.10	15	3.30	19	3.05	20	3.79	17	4.76	13	5.47	15
贵州	1.36	30	1.91	30	2.29	29	2.91	22	2.72	22	2.89	23	3.69	20	4.57	21
云南	1.60	29	2.21	23	2.53	22	2.54	26	2.50	26	2.58	26	2.85	26	3.90	26
陕西	2.19	17	2.71	16	2.99	18	3.47	16	3.53	15	4.35	11	5.66	8	6.64	8
甘肃	1.84	24	2.05	26	2.39	27	2.47	27	2.47	27	2.61	25	3.04	23	3.68	27
青海	1.66	28	2.00	27	2.73	21	2.59	25	2.66	24	-0.50	30	2.52	29	2.90	29
宁夏	2.31	15	2.93	14	3.10	16	3.51	15	3.64	13	3.44	20	3.91	19	4.60	20
新疆	1.93	22	2.17	24	2.52	23	2.78	23	2.61	25	2.03	29	2.49	30	3.10	28
全国	3.18		3.56		4.11		4.42		4.25		4.81		5.33		6.56	

资料来源:《中国统计年鉴》相关年份数据，各省份统计年鉴相关年份数据，第四次经济普查数据及中国银行业年报数据等。

四 东北地区与长三角、京津冀地区市场化水平比较

从中国进入新时代后国内各地区经济发展实践来看，越是市场化水平高的地区，经济增长越稳健，市场化水平低的地区则经济增长乏力，东北地区表现尤为明显，市场化水平与经济发展程度表现出一定的耦合度。有研究（孙晓华等）表明，市场化进程的不同步是地区经济发展失衡的重要原因之一。

（一） 市场化水平总指数比较

从长三角、京津冀、东北地区市场化水平指数变化趋势来看，2013～2020 年三个区域市场化水平指数总体呈上升趋势，长三角地区和京津冀地区市场化水平高于全国平均水平，长三角地区高于京津冀地区，东北地区低于全国平均水平。长三角、京津冀、东北地区及全国市场化水平总指数年均涨幅分别为 5.80%、9.14%、11.04%、10.90%，东北地区市场化水平提升速度高于长三角地区、京津冀地区和全国平均水平（见图 4 - 2、表4 - 3）。

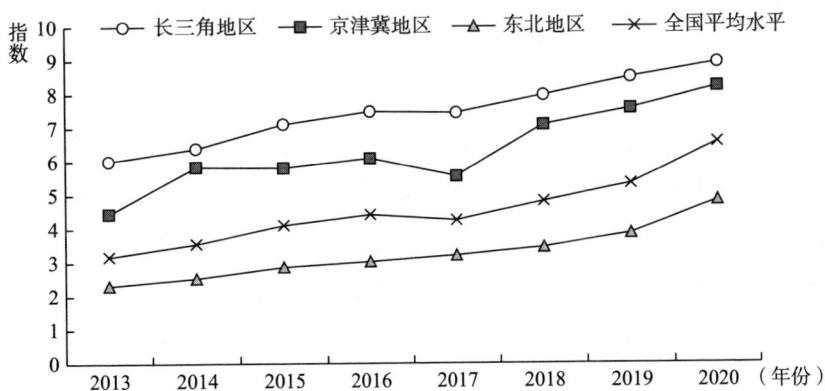

图 4 - 2   2013～2020 年长三角、京津冀、东北地区
及全国市场化水平指数变化

表4－3　2013～2020年长三角、京津冀、东北地区及全国市场化水平指数比较

年份		2013	2014	2015	2016	2017	2018	2019	2020
长三角地区	上海市	6.32	6.87	7.92	8.28	8.34	9.40	9.93	9.21
	江苏省	5.88	6.14	6.58	6.95	7.11	7.42	7.80	8.81
	浙江省	5.82	6.16	6.82	7.20	6.87	7.06	7.74	8.73
	总体	6.01	6.39	7.11	7.48	7.44	7.96	8.49	8.92
京津冀地区	北京市	6.75	7.36	8.85	8.73	7.62	10.48	11.11	10.85
	天津市	4.40	7.48	5.54	6.20	5.60	6.84	7.62	8.58
	河北省	2.20	2.67	3.05	3.35	3.47	3.92	3.96	5.21
	总体	4.45	5.84	5.81	6.09	5.56	7.08	7.56	8.21
东北地区	辽宁省	3.20	3.56	4.04	3.93	3.91	4.33	4.77	5.76
	吉林省	1.83	1.99	2.42	2.76	3.44	3.73	4.03	4.44
	黑龙江省	1.93	2.07	2.16	2.41	2.28	2.29	2.79	4.28
	总体	2.32	2.54	2.87	3.03	3.21	3.45	3.86	4.83
全国平均水平		3.18	3.56	4.11	4.42	4.25	4.81	5.33	6.56

资料来源：《中国统计年鉴》相关年份数据，各省（区、市）统计年鉴相关年份数据，第四次经济普查数据及中国银行业年报数据等。

从区域内部2013～2020年数据来看，长三角地区的上海市、江苏省、浙江省市场化水平指数差别不大，指数略高的是上海市，江苏省和浙江省水平接近，长三角步入区域一体化较高发展阶段，市场经济制度优势凸显。京津冀地区的北京市、天津市和河北省市场化水平指数差别较大，北京市指数最高，天津市低于北京市，但居于全国市场化水平第一梯队（前10名），在第5～6名，河北省则最低，位于全国市场化水平第二梯队（第11～20名）。东北地区的辽宁省、吉林省和黑龙江省市场化水平指数整体不高，差别较大，区域一体化水平有待提高。东北三省中辽宁省市场化水平指数最高，基本位于全国市场化水平第二梯队，但排名相对有所下降，由2013年排名第8下降到2020年排名第13；吉林省市场化水平指数相对排名呈上升趋势，排名由第三梯队（第21～30名）向第二梯队迈进，除个别年份外，指数有所提高；黑龙江省市场化水平指数最低，位于全国第三梯队，甚至个别年份位于全国最后一位。

（二）市场化水平分项指数比较

从分项指数比较来看，以 2020 年为例，东北地区分项指数与其他
地区差距最大的是开放经济体系指数，只相当于最高的长三角开放经济
体系指数的 24.3%，外向型经济发展较慢；其次是市场主体与现代市场
体系培育指数，东北地区仅相当于长三角的 39.9%，这与东北地区国企
改革和现代企业制度建设滞后于其他地区有关；再次是要素市场化指
数，东北地区相当于最高的京津冀地区的 72.7%，由于人的观念和发展
的路径依赖，东北地区要素市场化改革尽管有较快推进，但仍滞后于其
他地区；最后，差距最小的是政府规范化与营商环境指数，东北地区与
长三角地区、京津冀地区和全国平均水平差距较小，是最高水平的长三
角地区的 76%，相当于全国平均水平的 98%，说明近年来东北地区政
府职能转变与营商环境建设取得了比较显著的成就（见图4-3）。

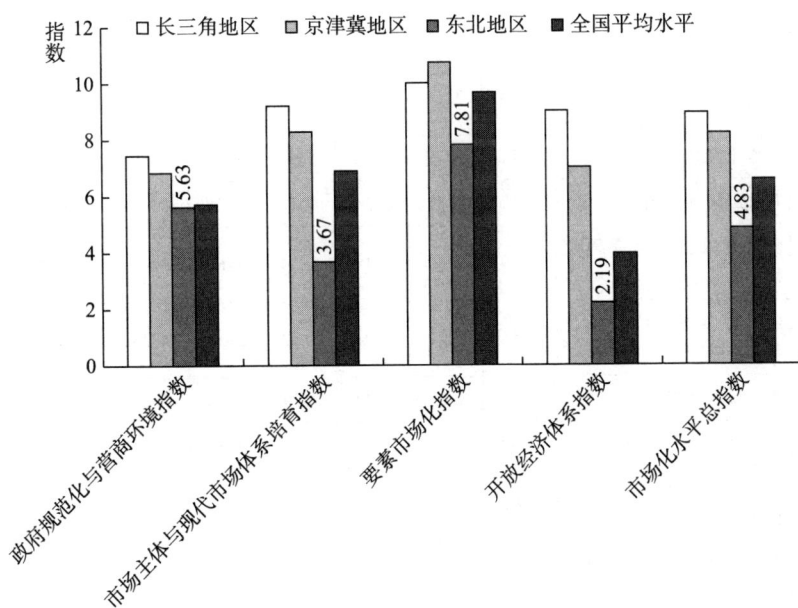

图4-3 2020 年东北地区与长三角地区、京津冀地区及全国
市场化水平总指数及分项指数比较

从时间序列来看，各地区分项指数稳步提高，但增幅各异。2013～2020 年，长三角、京津冀、东北地区及全国要素市场化指数年均涨幅分别为 9.8%、12.1%、17.6%、15.6%，市场主体与现代市场体系培育指数年均涨幅分别为 4.3%、10.5%、10.6%、9.5%，政府规范化与营商环境指数年均涨幅分别为 2.4%、6.2%、6.3%、8.1%，开放经济体系指数年均涨幅分别为 6.7%、6.9%、7.9%、8.5%。大体上，东北地区在各分项指数方面都表现出与长三角、京津冀地区差距在逐渐缩小的趋势，但在政府规范化与营商环境指数、开放经济体系指数方面，增速低于全国平均水平。从分项指数涨幅来看，长三角、京津冀、东北地区及全国平均水平涨幅最大的分项指数都是要素市场化指数，可见，党的十八大以来，以推进要素市场化为重点取得明显成效（见表 4－4）。

表 4－4 2013～2020 年长三角、京津冀与东北地区市场化水平分项指数

地区	指数年份	2013	2014	2015	2016	2017	2018	2019	2020
长三角地区	政府规范化与营商环境指数	6.28	5.77	6.00	6.04	5.96	6.47	6.48	7.45
	市场主体与现代市场体系培育指数	6.83	7.53	8.10	8.20	8.21	7.69	8.64	9.20
	要素市场化指数	5.21	6.37	8.08	8.96	8.29	9.98	10.71	10.01
	开放经济体系指数	5.71	5.88	6.24	6.72	7.29	7.70	8.30	9.00
京津冀地区	政府规范化与营商环境指数	4.49	4.60	5.18	5.54	5.60	6.05	6.01	6.84
	市场主体与现代市场体系培育指数	4.11	4.87	5.94	6.32	6.51	7.23	7.43	8.29
	要素市场化指数	4.82	5.94	7.44	7.37	4.32	8.61	9.87	10.74
	开放经济体系指数	4.39	4.34	4.72	5.14	5.82	6.43	6.95	7.00
东北地区	政府规范化与营商环境指数	3.67	3.85	4.59	4.79	4.69	4.99	5.08	5.63
	市场主体与现代市场体系培育指数	1.81	2.07	2.78	2.88	2.78	2.79	3.04	3.67
	要素市场化指数	2.51	2.96	3.06	3.38	3.96	4.33	5.52	7.81
	开放经济体系指数	1.29	1.28	1.06	1.09	1.42	1.69	1.82	2.19

续表

地区	指数年份	2013	2014	2015	2016	2017	2018	2019	2020
全国平均水平	政府规范化与营商环境指数	3.33	3.28	3.79	3.98	4	4.48	4.91	5.73
	市场主体与现代市场体系培育指数	3.65	4.28	4.95	5.38	5.37	5.66	5.57	6.90
	要素市场化指数	3.51	4.51	5.7	6.17	5.08	6.85	7.89	9.66
	开放经济体系指数	2.22	2.16	2.09	2.14	2.56	2.25	2.94	3.95

资料来源：《中国统计年鉴》相关年份数据，各省（区、市）统计年鉴相关年份数据，第四次经济普查数据及中国银行业年报数据等。

五 东北地区市场化水平低的主要表现

可以说，市场化水平低是当前东北深层次矛盾的核心体现。从近些年我国区域经济发展来看，越是市场化水平高的地区，经济发展越稳健，发展动能越持续，市场活力越足，如广东、江苏、浙江地区；越是市场化水平低的地区，经济发展速度越低，内生动力不足，区域地位下滑，如东北地区。[①]

（一）仍存在"强政府、弱市场"现象

相对南方地区，东北地区政府服务市场主体能力不足，存在较重的官本位思维惯性。相对来说，民营企业社会地位不高，不利于形成充分竞争、优胜劣汰的市场环境，没有真正培育起"万类霜天竞自由"的土壤。从 2021 年全国 IPO 企业上市情况来看，辽宁 5 家、吉林 6 家、黑龙江 1 家，而广东 106 家、浙江 99 家、江苏 96 家、上海 75 家、北京 74 家、山东 38 家。IPO 上市企业少意味着发展环境不完善，区域市场活力不足，政府应专注于做好服务员、裁判员，不是运动员，专注于为市场主体提供良好环境和服务，要形成大企业"顶天立地"、中小企业"铺天盖地"，东北地区还需要付出艰辛努力。

---

① 张万强. 新常态下东北老工业基地供给侧矛盾及改革路径研究 [J]. 内蒙古社会科学（汉文版），2016（04）：1-6.

(二) 市场体系不健全

东北市场体系存在要素流动不畅、资源配置效率不高、市场激励不足、市场发育不完全、微观经济活力不足等问题，推动高质量发展仍存在体制机制障碍。虽然民营企业的地位在上升，但在要素分配上仍存在着隐形的"所有制歧视"和"规模歧视"，民营企业在土地、资本、劳动力、技术、数据等生产要素使用上相对于国有企业难度明显高、成本明显高。

(三) 国有企业改革不深入

当前东北地区地方国有企业改革基本完成，但是仍存在数量比较庞大的央企，特别是央企的分公司、子公司。虽然央企混改一直在推进，但总体来说，混改层级不高，主要集中在二级、三级企业，混改质量也有待提高，主要是混的多，改的少，企业的生产方式、管理方式、用人方式等没有实现真正的改变，混改成效没有充分释放。央企的分公司在地方没有决策权，与地方民企合作存在管理权限等方面的制约，形成发展"两层皮"现象，对地方经济拉动作用有待提升；东北地区军民融合发展在市场进入、信息共享、技术推广等方面仍存在体制机制障碍，"民参军"准入门槛较高，东北很多企业虽然具备军工生产能力，但由于不能拿到配套认证，这些企业不能真正参与军工品生产，军工品总承包商的采购需求、产品配套的信息发布渠道十分狭窄，"民参军"融合存在严重的信息不对称，军民产业融合的优势没有充分发挥出来。东北央企的发展对地方经济带动作用很大，但由于改革不深入，体制机制仍存在发展障碍，发展动力和活力不足，在选人用人、股权激励、制定长期发展战略等方面一定程度上存在非市场化行为，不利于区域市场体系的完善。

(四) 金融业的非市场化行为弱化了民营市场主体的良性生长

东北地区的竞争性国有企业（包括国有控股企业）相对较多，加上一定程度上国有银行对国有企业存在非市场化偏爱，更愿意贷款给国有企业。其原因：一是贷款给国有企业风险相对较小。二是即使出现问题，由于同为国有企业，对银行管理人员的政绩、个人升迁等不会造成较大影响。基于这种考量导致东北地区民营企业获得贷款的难度更大，制约了民营企业孕育、成长、壮大的能力。

（五）行业协会、商会等社会组织市场发育不足

东北地区的行业协会、商会等社会组织大多由原来政府管理部门转化而来，仍遗留较明显的计划经济痕迹，其在利用一定权力向企业收取会费的同时，为企业服务的功能明显不足，在引领企业开拓市场、商业合作、共享信息等方面发挥的服务功能显著弱于南方发达地区。温州等南方地区的行业协会、商会多是企业在发展过程中为抱团取暖、相互扶持、共同发展而自发成立起来，功能明确、任务清晰、发展作用显著，值得东北学习借鉴。

六　研究结论与对策建议

（一）研究结论

通过构建市场化水平指数，本文重点对党的十八大以来我国及地区市场化建设进程进行了量化评价，着重比较了东北地区市场化水平与长三角地区、京津冀地区及全国平均水平的差距，主要结论有以下几方面。

一是我国各省（区、市）及部分区域的市场化指数总体呈上升趋势，但地区差别很大。市场化水平较高的地区为北京市、上海市、江苏省、浙江省、广东省、天津市等，市场化水平较低的地区为青海省、新疆维吾尔自治区、黑龙江省、甘肃省、内蒙古自治区等。长三角地区、京津冀地区、东北地区的全国市场化水平指数由高到低依次是长三角地区、京津冀地区、东北地区，东北地区市场化改革任重而道远。

二是市场化改革在东北地区表现得不充分，与长三角、京津冀等先进地区还有较大差距，与全国平均水平也有一定差距。党的十八大以来，区域经济发展水平基本与市场化进程呈正相关关系，东北地区与长三角、京津冀地区相比，这个问题表现得更突出。可见，市场化水平低是当前东北地区面临的根本性问题，提升市场化水平是增强经济社会发展活力、推进

振兴发展取得新突破的牛鼻子。

三是经济体系开放性低,对外开放滞后是制约东北市场化水平提高和经济发展的"突出短板"。东北地区处于东北亚核心区位,但在东北亚产业链分工合作中的开放优势没有充分发挥,进出口水平偏低。构建高水平对外开放新体制、积极培育面向东北亚的外向型市场主体是深化市场化改革的重要路径。

四是东北市场主体与现代市场体系培育、要素市场化两方面虽然发展速度较快,但与先进地区仍有较大差距,也是未来推进市场化改革的重要方面。

五是尽管在政府规范化发展与营商环境方面,东北地区与先进地区及全国平均水平差距较小,但市场化进程涉及方方面面,有些政府与市场的关系是无法量化的,向纵深推进市场化改革,应在提升硬指标的基础上,提升完善那些无法量化的"软指标"、软环境。

(二)对策建议

我国经济发展已由高速增长阶段转向高质量发展阶段,完善社会主义市场经济及体制理应在高质量发展语境下。未来区域经济发展,尤其是东北地区发展,应坚持社会主义市场化改革方向,注重经济发展质量,用市场化和开放的思路、办法破解发展中遇到的矛盾和问题。

1. 构建以提升市场化水平为目标的振兴政策体系,提升内生增长动力

加强以"提升市场化水平"为核心的东北振兴政策和框架的顶层设计,推动市场化改革的一系列制度创新。政府出台的政策措施要符合市场化的改革方向,政策的效果要有一个基本的判断标准,就是看它有利于竞争性市场的发育,有利于推动有效市场和有为政府更好结合,有利于打造市场化、法治化、国际化的营商环境。打破振兴政策相对分散、孤立没有形成合力的状态,密切围绕提升市场化水平这一目标,在要素交易、市场准入、公平竞争、资源配置、微观主体活力等多方面构筑政策支持体系。着力培育高质量有活力的市场经济主体,建设统一开放、竞争有序的高标准市场体系;更好发挥地方政府作用,全面完善东北地区产权制度、市场

准入及公平竞争等市场经济制度，构建市场机制有效的营商环境和经济体制；完善土地、劳动力、资本、技术、数据等要素市场化配置，推进东北地区要素流动自主有序、配置高效公平；建设以高水平开放促进深层次市场化改革的经济体制。

2. 着力深化国有企业市场化改革，培育壮大更具活力的市场主体

深化国有企业改革是提升东北市场化水平的关键所在，是促进思想解放、理顺政府和市场关系、提升微观市场主体活力的重要抓手。下定决心推进东北国有企业的"真改革"，力争彻底解决体制机制问题。改革后政府主要管资本，不参与企业日常经营活动，企业真正建立起现代企业制度，市场化选聘职业经理、安排薪酬制度、实施股权激励等。国有企业改革的目标是推进企业在选人用人、薪酬管理、项目投资、制定战略等方面实现市场化，在处理与当地政府、国有银行、上下游企业等关系时尽力减少非市场行为。

目前东北的国有企业大部分是央企或央企的分公司、子公司，因此，重点要从国家层面深化央企改革，本着有进有退、有所为有所不为的原则，进一步完善国有资本市场布局，推进重化工领域产能过剩行业的相当部分国有资本退出，转向高端和新兴制造业、公共服务等领域，协同推进央企重组、混合所有制改革、分类改革和建立现代公司治理结构。更加关注央地合作，以辽宁沈阳区域性国资国企综合改革试验为抓手，把央企地企混改与推进市场化改革措施结合起来，形成兼有规模经济和竞争效率的市场结构。在推进三项制度改革、深化国有资本投资运营公司试点等方面发力攻坚，促进产业链供应链优化协同、传统产业转型升级、关键核心技术攻关、公司治理和企业管理水平提升。本着一企一策、成熟一个推动一个的原则，稳步推进混合所有制改革，引进技术先进、管理能力强、有社会责任感的民营企业参与国企改革，加快完善国有企业法人治理结构和市场化经营机制，推进企业管理者市场化选聘工作，健全经理层任期制和契约化管理。支持符合条件的混合所有制企业建立骨干员工持股、上市公司股权激励、科技型企业股权和分红激励等中长期激励机制。鼓励创新混改模式，探索将部分国有股权转化为优先股，强化国有资本收益功能。对于

非关系国计民生的一般竞争性行业可实施非国有控股模式，或探索民营二股东托管国有企业模式。①

3. 推进政府行为规范化，优化营商环境

转变思想观念，减少政府对经济的直接干预，处理好市场化"量"与"质"的关系，双管齐下。一方面，继续推进政府简政放权，推进体制改革，优化市场发展环境，促进经济主体行为市场化，推进市场化"量"的发展；另一方面，政府放权不意味经济主体的交易就是按照市场经济规则进行的，要侧重解决产权问题，促进东北地区从"关系经济"向"契约经济"转变，降低市场交易成本，提升市场效率，推进形成市场化制度优势，促进市场化"质"的发展。

4. 深化要素市场化改革，提高配置效率

坚持问题导向，分类推进土地、劳动力、资本、技术、数据等要素市场化改革。扩大要素范围，创新要素配置方式，打破要素分配上隐形的"所有制歧视"和"规模歧视"，推动要素依据市场规则和市场价格配置，提高全要素生产率，实现效益最大化和效率最优化。将提升要素市场化配置水平与完善产权制度相结合，破除影响要素自由流动的体制机制性障碍。协调和统筹推进城乡和区域整体市场发展，完善现代市场体系。

---

① 辽宁葫芦岛锌厂在混改中引入民营葫芦岛宏跃集团成为第二股东并全权负责经营管理，而锌厂的国有股东则由"管资产"变为"管资本"，取得很好的成效。

第五章 增强科技创新的支撑能力

——基于构建发展新动能的着力点

科技创新是推进区域发展的核心动力，老工业区衰退的一个重要原因是科技创新能力滞后，不能为重塑发展动能提供重要支撑。新时代东北振兴要抓住新科技革命的机遇，直面疫情后全球技术产业链重构、大国博弈等挑战，深入谋划，做好顶层设计，明晰科技创新发展思路，全面增强科技创新对经济发展的支撑、引领作用。

一 增强科技创新能力是推进东北全面振兴的重要支撑

（一）增强科技创新能力是东北适应国内外创新发展新趋势的需要

当前，以人工智能、大数据、5G、生物技术等为代表的新一轮科技革命、产业革命大幕开启，不断催生新技术、新产业、新业态和新模式，并加速向传统产业渗透融合，全球产业链和价值链加速调整重塑，数字经济、共享经济和智能制造成为全球经济增长新动力。世界主要国家都在寻找科技创新的突破口，争夺新一轮科技革命的关键技术，抢占未来经济社会发展的先机，我国第一次与发达经济体站在同一起跑线上展开角逐。东北地区通过优化区域创新布局、建设区域科技创新中心，能够抓住国内外科技创新加速发展的良好契机，积极融入全球创新网络，打造"一带一路"区域协同创新共同体，推动形成以科技创新为重要内容的全方位对外开放格局。

（二）增强科技创新能力是东北实施创新驱动发展战略的重要举措

实施创新驱动发展战略，建设世界科技强国，是以习近平同志为核心的党中央在新的历史方位立足全局、面向未来做出的重大战略决策。当前，新一轮科技革命和产业变革已从蓄势待发到群体迸发，重大科学问题加速突破，颠覆性技术不断涌现，重塑产业形态、分工方式和组织模式，成为未来区域发展和竞争的突破口。东北地区贯彻落实创新驱动发展战略，将科技创新摆在发展全局的突出位置、作为实现高质量发展的长远之策，有利于以创新促进产业升级和新旧动能转换，带动区域创新能力和综合实力整体提升。

（三）增强科技创新能力是重构东北发展新动能的有效途径

习近平总书记在 2018 年深入推进东北振兴座谈会上提出，要"以培育壮大新动能为重点，激发创新驱动内生动力"，对东北增强科技创新能力提出具体要求。科技创新能力是推进区域发展的核心动力，东北老工业基地衰退的一个重要原因是科技创新能力下降，特别是科技成果本地转化率不高，新动能没有真正形成。东北要坚持科技创新在现代化建设全局中的核心地位，按照"四个面向"的要求，深入实施创新驱动发展战略，以科技赋能高质量发展为主题，创建具有全国影响力的区域科技创新中心，培育国家战略科技力量，打好关键核心技术攻坚战，这有利于使科技创新成为东北全面振兴全方位振兴的战略支撑，推动东北在全国现代化建设中走在前列。

二 当前东北科技创新存在的主要问题

经过二十多年的东北振兴，东北地区积累了良好的技术、人才、产业基础，科技创新能力持续提升，对经济发展的支撑作用不断增强，但仍存在一些亟待破解的问题。

（一）科教资源优势没有得到充分发挥

东北三省科教资源丰富，辽宁拥有中科院所属科研院所 6 个，高校 114 所，其中"双一流"高校 4 所；吉林有以吉林大学为代表的高校 57 所，有以中科院长春光机所、应化所为代表的省级以上科研机构 51 家；黑龙江拥有哈工大、哈工程、东北林大等高等院校 78 所，有中电科 49 所、中船重工 703 所、省科学院等独立研究院所 125 家，其中中直院所 18 家、省属院所 21 家。但科教资源优势没有得到充分发挥，科研成果本地转化率偏低。以辽宁为例，大连中科院化物所专利拥有量在全国领先，但是科技成果省内转化率不足 30%，沈阳中科院自动化所等重点院所的科技成果本地转化率只有 10% 左右。科技与产业"两张皮"问题尚未有效解决，科研机构与省内企业产学研结合松散，科教资源的"百花园"没有转化成产业发展的"百果园"。

（二）"卡脖子"技术问题仍比较突出

东北一些高新技术和高端装备供给不足，一些优势产业，如航空装备、高档数控机床、机器人及智能装备、生物医药及高性能医疗器械、现代农业等与国际先进水平存在较大差距，核心基础零部件（如高端芯片）、先进基础工艺、关键基础材料、工业基础技术（简称"四基"）等瓶颈比较突出。辽宁在重点领域仍有 237 个关键核心技术依赖国外，有 137 个核心零部件出现断点情况；黑龙江大豆种质资源丰富，但平均单产不到美国的 60%，与巴西、阿根廷等国家相比也存在一定差距，大豆种子技术被"卡脖子"；吉林在智能网联与新能源汽车、全固态激光雷达系统、生物降解二氧化碳基塑料、人参高附加值产品开发等方面急需技术突破。

（三）科技创新体制机制有待进一步完善

东北地区科技推动经济发展、科技成果转化、产学研合作、科技与金融结合以及科技管理等激励创新的体制机制尚不完善。技术创新市场导向机制不健全，科技支撑引领产业发展能力较弱，创新主体的规模和数量与先进省市相比差距甚大，创新主体之间协同不够，上下游企业之间、产学研之间的协同难度比较大，导致产业链、创新链和资金链不能有效衔接，难以推动产业快速发展。科技项目投融资扶持体系有待进一步完善，创业投资和股权投资激励模式尚未建立，金融机构的间接融资主渠道和科技型企业的直接融资渠道作用尚未显现。科研项目管理体系缺乏吸引力、竞争力和创新力，科技创新存在多头管理现象，造成条块分割，合力不足，缺乏有效的战略协同和机制统筹，存在着重复投入和缺乏有效管理现象。

（四）高层次人才不足，人才流失比较严重

当前，东北地区科技创新高层次人才严重缺乏。从人才贡献率看，全国最高的前三名地区分别是上海市 48.6%，北京市 44.5% 和江苏省 40.4%。东北人才贡献率最高的辽宁也仅为 29%，全国排名第 10。从人才结构看，领军型人才、一流工程师、优秀技术工人欠缺，是当前制约创新发展、阻碍由要素驱动和投资驱动向创新驱动转变的主要因素。重点领域引领当代科学潮流的世界顶级科学家不多，卓越学术团队和青年拔尖人才的规模不大，两院院士、长江学者等"老龄化"问题较为严重。优秀科技人才主要集中于政府部门、高等院校、科研院所等事业单位，企业内技术专家和优秀的技术人才严重缺乏。从人才引进看，引进力度较其他东南沿海区域偏弱，引进高层次人才总体数量和行业分布与其他经济发达省份相比，仍有不小差距。同时，高端专业技术人才流失严重，东北多个 985 高校或中科院直属机构的院士团队迁至南方，造成前沿的基础研究资源优势逐步丧失。

三　基于科技成果转化的问卷调查分析①

党的十八大以来，以习近平同志为核心的党中央高度重视科技创新工作，把促进科技成果转化摆在十分重要的位置进行谋划部署。习近平总书记强调，"加快科研成果从样品到产品再到商品的转化，把科技成果充分应用到现代化事业中去"，为促进科技成果转化指明了前进方向。东北地

---

① 本部分借鉴了辽宁省科技厅的研究成果。

区科研资源丰富，科技成果突出，但成果本地转化水平较低，推进东北振兴，要准确掌握科技成果转化过程中面临的"痛点""难点""堵点"，强化政策举措的针对性和有效性，提升科技成果本地转化数量和质量，推动形成全社会参与、全链条贯通、全要素组合的科技成果本地转化良好局面。

（一）调研过程和分析结果

我们以辽宁为典型，采用问卷、座谈等形式，就科技成果本地转化情况进行了专题调研。以近三年本地转化项目为统计对象，向转化项目的高校、科研院所发放问卷 188 份，向承接项目的企业发放问卷 196 份，汇总意见建议 400 余条。通过认真研究并设置问卷题目，重点关注转化项目选题来源，转化渠道、方式，研发与转化资金来源，企业与研发团队的关系，企业研发投入金额、方式等。对获得的调研结果进行了定性、定量分析，获得了反映科技成果本地转化的第一手资料。

经分析，承接项目的企业的主要特征——对技术成果的需求、转化的积极性较高，具有较好的承接转化能力。统计结果显示，有 82.4% 的转化成果信息是企业主动寻求获得的；70.7% 的企业设有专门研发机构，86.1% 的企业拥有专职研发人员，通过委托研发或参与联合开发完成转化的比例较高，为 64.4%，承接转化的企业中有近 40% 为研发人员创办的企业。

成功转化项目的特征——70.9% 的项目选题来自企业需求，体现了聚焦企业需求的导向；62.8% 的项目研发过程有企业参与，企业参与比例较高；转化成果主要集中在智能装备制造、新材料、精细化工等领域，比较符合辽宁的产业优势和方向；从转化渠道看，主要依靠个人（专家）进行推介，占比 69.3%。

（二）科技成果转化过程中存在的问题

高校院所的技术转化积极性不足，技术有效供给不足。企业承接转化的积极性高，有 82.4% 的转化成果信息是企业主动寻求的，而高校和科研院所主动联系的只占 30.9%，积极性不足；有三成的研发机构和四成的企业认为，制约转化的堵点在于供需匹配度不高，指出"高校产出成果与企业需求联系不紧密，研发速度跟不上技术迭代和市场变化的节奏"。

中介服务机构及科技交易平台发挥作用不明显。从项目成果信息发布和转化渠道看,科技中介服务机构和专业技术交易平台发挥的作用均低于15%。

公共研发平台承载的科研活动很少。转化项目研发过程中利用公共研发平台或机构的仅占7.7%,远少于在本单位进行的研发活动(85.2%)及在转化企业进行的研发活动(27.0%),暴露出公共研发平台或机构的短板。

金融对科技成果转化活动参与不足。企业转化成果资金主要源于自有资金,占比97.3%,风险投资与银行贷款仅占1.6%和9.6%,科技金融发挥作用明显不足,有31家企业反映了"资金不足"的问题。

(三)针对问题提出的具体措施

成果需求方面。进一步加强企业主导的产学研深度融合,推动创新资源向企业聚集,提升企业自主创新能力和活力。一是鼓励企业设立研发机构,提升企业技术创新的战略规划能力、科研组织管理能力和科研能力。二是支持企业出题立项、出钱投入、成果评价及使用,积极参与科研活动。三是建立企业常态化参与科技创新决策机制,支持企业参与承担重大科技任务;四是支持企业加强研发队伍建设,吸纳更多专兼职研发力量,建立企业与院校科研人员"双聘"等灵活用人机制。

成果供给方面。进一步提高高校和科研机构的高水平技术创新成果的供给能力。一是进一步提升成果转化的积极性和主动性,采取有效措施促进成果转化。二是加强科研人员与企业的交流,为企业的技术创新提供信息、技术咨询和服务。提供政策保障鼓励科研人员向企业流动,在企业从事专职或兼职研发。三是支持鼓励科研人员自主创办企业,制定相关政策,为创业人员解除后顾之忧。

科技成果转化服务方面。问卷反映出企业最希望政府做的四件事,依次为增加引导资金(90.9%)、健全转化政策(85.1%)以及建立交易市场(57.4%)、组织对接活动(54.2%)。据此提出如下建议:一是推进科技惠企惠研政策扎实落地,强化跟踪问效和督查考核。推动相关政策"应享尽享"。二是省(区、市)政府研究设立科技成果转化投资引导基金,针对不同成熟度、不同转化阶段成果精准确定基金投向,建立金融支持科技创新的常态化工作协调机制，加快完善银企信息共享机制。三是完善支持激励的政策体系，加强科技、财政、税收、审计等各部门的政策协同衔接，研究增设技术创新成果转化应用奖项，完善尽职免责机制。四是培育、建设、完善一批技术转移中介服务机构，加强科技成果评价的审核甄别，加强成果推介工作。五是积极建设用好公共研发平台等创新资源，加大科技创新券投放，支持引导企业、研发机构共享计算、分析、检测、信息等服务，切实减轻企业研发负担。

四　推进东北科技创新的总体战略

（一）总体思路

坚持以习近平新时代中国特色社会主义思想为指导，坚持党对科技工作的全面领导，贯彻落实习近平总书记关于科技创新的系列重要论述，以及关于东北振兴发展的重要讲话和指示批示精神，坚持创新在现代化建设全局中的核心地位，按照"四个面向"的要求，深入实施创新驱动发展战略和科教兴省战略、人才强省战略，以科技赋能高质量发展为主题，以创建具有全国影响力的东北科技创新中心为总目标，着力强化创新能力建设，培育国家战略科技力量；着力打好关键核心技术攻坚战，提升产业链供应链现代化水平；着力壮大科技企业群体，强化企业创新主体地位；着力促进科技成果转移转化，推进产学研深度融合；着力深化科技体制机制改革，营造创新创业优良生态，做好结构调整"三篇大文章"，为东北打造具有国际影响力的先进装备制造业基地和汽车产业基地、世界级石化和精细化工产业基地、世界级冶金新材料产业基地提供科技支撑，为国家高水平科技自立自强贡献东北智慧。深化对创新发展规律、科技管理规律、人才成长规律的认识，努力实现东北科技创新从"支撑发展"向"引领发展"的转变。

（二）发展原则

1. 坚持市场主导、政府引导

正确处理科技发展中政府和市场的关系，强化企业创新主体地位，充分发挥市场对技术研发方向、路线选择、要素价格和各类创新要素配置的决定性作用；积极发挥政府在推进创新驱动发展战略中的顶层设计、机制创新、法治保障和资源统筹等引导作用，形成政府与市场共同推动发展的合力。

2. 坚持自主创新，开放协同

直面国内外科技竞争空前激烈、产业链供给链重构等风险挑战，瞄准世界科技前沿，聚焦国家和东北战略需求，加强基础研究，加大源头创新供给，不断突破"卡脖子"技术。主动融入全球科技创新网络，创新和完善合作机制，建设开放型创新体系。

3. 坚持扬长避短，择优选重

科技发展要正确处理发展与需要、全局与局部的关系，按照"有所为、有所不为"的要求，科学合理地部署科技发展重点任务，把优势领域、重点产业、重大项目作为重点，抓好规划、突出创新、发挥优势，通过重点带动一般、带动全局，夯实东北科技创新基础，打造创新新优势。

4. 支持惠民利民，增进福祉

依据人民的切身利益以及人们对美好生活的向往，充分发挥科技在提高居民生活水平、改善生活环境等方面的重要作用，推进科技创新与改善人们福祉有机结合，让广大人民群众充分享受科技创新的成果，让科技创新为健康东北、绿色东北、美丽东北、幸福东北、和谐东北建设提供强大支撑。

5. 坚持人才驱动，"五链"融合

将人才作为创新的第一资源，坚持以人才驱动创新发展。注重创新人才的培养、引进与优化配置，不断完善人才发展环境，激发人才创造活力，培养造就一支具有全球视野和国际水平的强大创新人才队伍。促进创新链与产业链、人才链、资金链、区域链深度融合，积极推进各主体协同创新。

（三）战略定位

1. 立足东北、辐射全国的科学中心

面向战略性、基础性和前瞻性科学问题，加强重大科技基础设施建设，强化科技创新的基础支撑与条件保障。围绕东北科技创新基础和产业发展特色，以建设国家实验室、省级实验室为抓手，强化基础研究，重点围绕先进材料、机器人与智能制造以及相关交叉前沿领域，开展战略前沿技术、核心关键技术、颠覆性技术研究，为东北地区产业转型升级和战略性新兴产业、未来产业培育发展提供创新源头，为国家重大战略需求的基础研究提供有力支撑。

2. 先进装备制造和重大技术装备科技策源地

聚焦智能化、高端化、成套化，提升装备制造自主研发、设计及系统集成水平；进一步完善重大技术装备创新体系，促进研发制造、总装集成能力达到国际先进水平。

3. 国家新型原材料技术创新与研发基地

进一步完善原材料创新体系，聚焦高端化、绿色化和智能化，提升新材料技术研发能力，包括金属新材料、化工新材料、无机非金属新材料等，促进原材料工业由大到强的转变，实现科技含量高、资源消耗低、环境污染少、质量效益好的发展目标。重点推进沈阳材料科学国家研究中心等重大研发平台建设，把东北打造成为世界级高性能材料生产基地。

4. 战略性新兴产业创新中心

围绕先进材料、机器人与智能制造、人工智能、新一代信息技术、生命科学等领域，重点部署一批科技前沿和战略必争领域研究项目，突破一批关键共性技术，催生一批重大原创性成果，为科技和产业转型发展提供源头支撑。积极对接国家科技创新 2030 重大项目，争取在航空发动机及燃气轮机、智能制造、大数据、人工智能 2.0、深地、脑科学与类脑研究、深空探测及空间飞行器在轨服务与维护系统等领域取得突破，抢占科技创新和产业发展制高点。

五 对策建议

把自主创新作为推动东北高质量发展的战略基点，把新经济发展作为推动高质量发展的强劲动能，促进科技创新从"跟跑"向"并跑""领跑"转变，聚焦产业基础高级化和产业链现代化，加快推进产业转型升级，实现增长动力转换，建成多元支撑、竞争力强的现代产业体系。

（一）瞄准重点领域突破一批"卡脖子"技术

事实表明，只有自立自强推进科技创新，打破国外技术垄断，把关键核心技术掌握在自己手里，才能保障我国产业发展安全。坚定不移走自主创新道路，集中资源攻克一批东北优势产业受制于人的关键核心技术、"卡脖子"技术，超前布局一批战略性新兴技术、未来技术，掌握创新主动权，加快构筑支撑高端引领的先发优势。

1. 提升重点产业创新能力

进一步提升数控机床、航空、输变电、新能源汽车等重点产业创新能力，着力夯实工业基础和补齐人才短板，提升自主设计、系统集成和总承包能力，着力打破制造业核心部件、功能部件依赖进口的局面，增强装备自主可控能力和服务增值能力。在重点领域实施关键技术产业化专项，抓好重点领域的"卡脖子"技术攻关，促进制造业智能化关键技术、重大技术装备等关键技术产业化。重点围绕智能制造、工业机器人、智能产品、高档数控机床及关键零部件、集成电路装备、高技术船舶及海洋工程装备、干支线飞机及航空零部件、电动汽车及高性能交通装备、能源装备等关键领域，力求通过重大技术革新，在关键性技术、核心零部件和重大成套装备三个层面实现全面突破。

2. 更加重视基础研究

习近平总书记指出："基础研究是科学体系的源头，是所有技术问题的总机关"。为了谋求科技领域长期发展，东北必须加强重大基础前沿和关键领域的前瞻性布局。面向未来高新技术更新换代、学科和技术交叉融合发展需求，发挥中科院驻东北研究所等高端资源优势，重点部署新材料、互联网与边缘计算等领域交叉前沿研究，突破一批关键共性技术，催生一批重大原创成果。

3. 推进国际科技创新合作

积极参与"一带一路"创新发展，深化与国外一流科研机构、大学、企业合作机制，推动科技园区、国际技术转移中心、联合实验室（研究中心）和产业化基地等平台建设。依托国际中俄科技合作基地，推动中俄技术转化创新基地、俄罗斯院士工作站等建设，打造项目、人才、基地为一体的国际技术转移中心；依托中德国际智能创新园，推动装备制造企业与共建"一带一路"国家创新合作；依托中科院沈阳自动化所工业物联网技术国际联合研究中心，整合中德通信、工业自动化等领域研究成果。

（二）推进创新体系的战略性重构

积极在东北布局重大创新平台，完善创新主体和基础设施建设，努力打造国家重要技术创新与研发高地。

1. 建设区域创新高地

把沈大国家自主创新示范区、长春国家自主创新示范区、哈大齐国家自主创新示范区作为创新驱动引领区，开展一批重大技术改造升级工程，培育一批叫得响的东北品牌，打造一批具有核心竞争力的大企业大集团，把东北的国家自主创新示范区建设成为我国高端装备研发制造集聚区、转型升级引领区、创新创业活跃区、重化工业发展先导区和东北亚地区科技创新创业中心。将沈阳、大连、长春、哈尔滨四市作为全面创新改革试验区，率先行动，并将可复制可推广的经验和模式在其他城市推广。推动东北省级高新区主导产业发展，指导各高新区进一步加强经济运行监测，采取一企一策方式，帮助企业解决经营中的困难和问题，带动东北科技创新能力全面提升。

2. 加快创新平台建设

积极争取国家级科技创新平台落户东北，谋划、布局大科学装置等重点项目，为产业发展提供源头创新供给和技术支撑。围绕产业发展需要，加快建设沈阳材料科学国家研究中心，协调推进大连洁净能源实验室、"大连先进光源"装置等重大创新平台和科研基础设施建设，引导机器人与智能制造创新研究院为产业创新发展服务。争创国家智能机器人技术创新中心、医学高端影像设备等创新中心。结合全产业链创新的需求，依托东北大型骨干企业和行业领域研究机构、重点高校，布局和推进建设一批多学科交叉融合创新平台、产业技术创新共性平台和新型研发机构,加快完善产业技术创新体系,为产业发展提供源头创新供给和技术支撑。

3. 加速培育创新主体

引导企业加大研发投入,鼓励龙头企业牵头重大科技项目,成为创新驱动发展的先行力量。与此同时,建立完善梯度培养体系,加速培育创新主体。通过统筹规划和分类调控,建设"科技型中小企业—高新技术企业—科技小巨人企业—瞪羚企业"的科技企业梯度培育体系,实现创新主体培育数量倍增追赶。制定和完善科技型中小企业、高新技术企业、科技小巨人企业、瞪羚企业的认证条件,遴选符合条件的企业纳入高新技术企业培育库。对入库企业按级别不同实施差异化培育策略,在政策、资金、服务方面给予支持,确保各个级别的企业的创新培育需求都能得到满足。鼓励不同级别的企业根据自身情况开展科技创新活动,积极向更高级别转化,形成覆盖不同阶段、不同层次、互为支撑,有竞争、有合作的梯次创新主体格局。

(三) 全力推进产业技术创新

提升装备制造、冶金、石化、汽车及汽车零部件、农产品深加工等支柱产业创新能力,促进传统产业转型发展。布局和发展新兴技术,以增量带动结构升级,实现增长动力转换。习近平总书记指出:"要围绕产业链部署创新链、围绕创新链布局产业链,推动经济高质量发展迈出更大步伐。"围绕产业链部署创新链,意在推动创新链高效服务产业链;围绕创新链布局产业链,实现创新成果快速转移转化并推动产业结构转型升级。二者互为支撑,从而为推动经济高质量发展迈出更大步伐提供强大动力。东北要通过"围绕产业链部署创新链"来推动科技创新的发展,重点是在一些战略性产业发展中,根据产业链各个环节的需要、产业链现代化水平提升的需求,进行任务的部署安排。

(四) 提升科技成果转化率

构建"产学研用金介"协同创新体系,共建一批科技成果转化示范基地，完善成果转化机制和扶持政策，提高成果转移转化水平。

1. 主动对接国内外创新资源，推动产学研协同转化

加强与中国科学院、中国工程院、清华大学、北京大学等创新能力强的科研院所和高校之间的合作，推动国家科技重大专项、重点研发计划产出的创新成果在东北转化。加强与创新能力强的国家和地区之间的合作，开展合作研发计划。充分发挥企业创新主体功能，突出科技创业在科技成果转化中的带动作用，鼓励企业联合高校、科研院所建设高水平企业研发中心。延长科技创新链条，高校和科研院所的基础研究不再止步于论文和专利，支持高校和科研院所主动将先进适用技术引入企业研发机构进行工程化和市场化，畅通技术转移通道，加快科技成果转化。

2. 打造国内枢纽型技术转移转化中心，探索产业特色转化模式

高标准规划建设东北科技大市场，打造国内枢纽型技术转移转化中心，支持东北各省市、各高新区围绕产业发展需求建立专业化分市场，逐步形成联通东北的技术转移体系。支持沈阳、大连、长春、哈尔滨创建国家科技成果转移转化示范区，带动东北科技成果转化与产业升级。进一步发挥中科院自动化所等国家级科研机构作用，做好关键领域重大成果产业化工作，通过重大科技创新带动产业经济发展。鼓励东北各城市开展具有当地产业特色的产学研合作项目，围绕区域性、行业性重大技术需求，探索符合当地实际、有助于特色产业创新发展的科技成果转移转化模式。

3. 加快技术转移体系建设，提升科技成果转化服务水平

建立健全东北、省、市、县四级技术转移网络，发展规范化、专业化、市场化、网络化的技术和知识产权交易平台。建设科技成果项目库，及时面向东北发布最新科技成果，促进高端创新成果集聚。建设区域技术交易市场，提供成果转化、技术转移等交易服务，促进科技需求侧供给侧一站式对接。扩大高校、科研院所科研自主权，鼓励省内高校和科研院所建立技术转移部门，加快提升专利运用能力和成果转移转化水平，及时有效开展技术转移工作。加快建设知识产权公共服务平台，提高知识产权保护水平，为科技成果转移转化提供知识产权相关服务。完善知识产权维权援助工作体系，提升中小企业知识产权创造、运用、管理和保护能力。建

设专业化技术经纪人队伍，进一步提高科技成果转化服务能力。

（五）集聚各类人才推进创新创业

完善科技人才发现、培养、激励机制，培养造就一批高层次创新创业人才，为东北高质量发展和新时代振兴提供强大人才智力支撑。

1. 加强人才队伍建设，筑牢创新创业驱动根基

依托东北战略性新兴产业、重点产业和重大科技项目，加大创新人才培养力度，深入实施东北人才计划，培养造就一批具有国际水平的战略科技人才、科技领军人才、青年科技人才和高水平创新团队。做好中青年后备科技人才的储备和培育，完善后备科技人才培养机制，持续稳定提高东北人才队伍整体素质。创新高校教育模式，把科学精神、创新思维、创造能力和社会责任感的培养贯穿人才培养全过程。重视企业家在创新创业中的重要作用，大力倡导企业家精神，培养一批勇于创新、敢于担当的创新型企业家。坚持引进人才和培育人才相结合，加大人才引进力度，拓展人才引进渠道，支持引进高层次外国专家和团队，吸引海外学子回东北创新创业。为打赢关键核心技术攻坚战，东北要围绕重点产业集群建设，加大引进国内外高层次人才和创新团队的力度，夯实"项目＋团队＋技术"的"带土移植"工程，为企业吸引人才搭建平台，解决好高层次人才在科研条件、子女教育等方面问题，打造拴心留人的人才发展环境，为人才干事创业提供舞台，推动构建具有全国影响力的区域科技创新中心。

2. 建立健全创新创业人才评价机制，实行灵活人才激励机制

推进人才发展体制改革和政策创新，创新人才评价方式。建立健全政府引导、市场主导的创新创业人才评价制度，适当时候可成立第三方专业机构对人才进行科学评价。对从事基础和前沿技术研究、应用研究、成果转化研究等人员分别建立不同评价制度，对不同行业领域和岗位的人员采用不同的职称评定办法。对符合条件的国内外高端引进人才，实现灵活评定机制。树立人才是第一资源的理念，加大对承担重大科研任务的核心人员的薪酬激励，保障创新人才分享创新收益。推行科技成果处置收益和股权期权激励制度，使企业科技收益与研发人员个人收益有机结合。为进一

步激发科研人员创新积极性，在科技成果转化、项目资金管理、分配机制等方面，赋予科研机构和科研人员更大的自主权。

3. 优化人才成长环境，促进创新创业人才自由流动

倡导尊重知识、尊重人才的观念，营造鼓励创新、宽容失败的社会氛围，使谋划创新、推动创新、落实创新成为自觉行动。在工作方面，要给顶尖科技人才提供完备的硬件基础设施和"十年磨一剑"的宽松氛围；在生活方面，要给予顶尖科技人才及其团队最大限度的便利，使他们能够无后顾之忧，专心于创新活动。创新人才流动方式，鼓励科研院所和企业加强合作，促进科研院所和企业间科研人员双向流动。鼓励科研人员到企业兼职从事关键技术攻关、科技成果转化，同时支持科研院所吸引有创新实践经验的企业科研人员流动兼职。

（六）完善创新创业的政策体系

深化科技体制改革，完善科技资源配置方式，增强科技创新政策支撑，提升创新整体效能，激发创新内生动力。

1. 建立健全多元化的创新创业投入体系，促进科技金融紧密结合

加大对科技创新财政支持力度，健全主动布局支持与事后奖励补助相结合的财政支持模式，省本级设立科技专项资金，支持重大、重点科技项目，对从事研究开发和科技服务活动的单位给予补助。大力推进科技金融深度融合，不断完善科技金融服务体系，充分发挥东北省级产业（创业）投资引导基金和各市相关基金作用，围绕智能制造、新材料、新能源等领域打造一系列专业技术领域的创业投资基金，引导创业投资机构更多关注天使投资，为不同成长阶段不同类型的科技创业项目提供多元化、专业化科技成果转化金融服务。在拓展科技型企业融资渠道方面，鼓励地方法人银行机构完善小微金融服务体系，在符合条件的情况下，增设小微支行、社区支行，增加对小微企业创新创业活动的有效金融供给。引导各银行机构转变服务方式，优化信贷流程，提高审批效率，加大对小微企业创新创业活动的信贷支持力度。

2. 提升孵化机构和众创空间服务水平，制定双创平台认定和考核标准

继续推动孵化器、加速器、众创空间、双创示范基地、大学科技园、技术转移中心、校企合作联盟等载体建设，鼓励龙头骨干企业、科研院所、高等院校等围绕优势细分领域建设平台型众创空间，围绕产业链布局服务链，为成果转化和创新创业活动提供便利条件。组织开展省级创业孵化基地负责人培训，推进创业孵化基地建设。加强与国外孵化机构对接合作，定期开展政策效应分析，落实孵化机构税收优惠政策。与此同时，建立众创空间等创新创业孵化平台质量管理、优胜劣汰的健康发展机制。规范省级双创平台认定工作，对已认定的双创平台实施定期评价，对于不合格的双创平台提出警告之后仍然不合格者予以摘牌。通过定期评价，优胜劣汰，持续提升省级双创平台的服务质量，促进众创空间等创新创业孵化平台升级。

3. 建立完善知识产权管理服务体系，发挥标准在技术创新中的引领作用

推动知识产权与产业融合发展，培育知识产权密集型企业。深化知识产权领域改革，鼓励金融机构通过知识产权质押为中小企业提供新的融资渠道。加快建设知识产权保护中心、知识产权交易中心等交易运营平台，构建市场主导的知识产权运营体系。积极营造良好的知识产权创造、运用和保护环境，强化知识产权维权援助，加大对知识产权侵权假冒行为的打击力度。实施技术标准战略，统筹推进科技、标准、产业协同创新，推动优势技术标准成为行业标准、国家标准和国际标准，装备制造领域推出中国版工业4.0标准。发挥标准在技术创新中的引领作用，鼓励企业加大技术创新力度，逐步提高生产环节各项标准。

第六章 着力打破"结构性陷阱"
——基于解决"结构性"问题的着力点

全球老工业区衰退的普遍原因是陷入了传统产业全面衰落，而新兴产业又发展不起来的"结构性陷阱"，东北地区要跳出这一陷阱，走"传统重化工业转型升级 + 战略性新兴产业发展壮大 + 消费品工业做优做精"的融合发展道路。

一 能否实现产业结构升级是老工业区重振的关键所在

从发达国家老工业区走过的道路来看，能否实现产业结构升级和转换是重振的重中之重，"成"则重新焕发活力，如德国鲁尔区；"败"则继续衰退，如美国"底特律"。

德国鲁尔区 20 世纪早期与中国东北地区产业结构类似，以能源、钢铁、重型机械为产业主体，20 世纪 50 年代后开始衰落，从 20 世纪 60 年代后开始大规模改造，对煤田整合发展，同时积极改善投资环境，引入新兴产业，成效显著，1985～1988 年新建企业的数量增加 41%，大大超过同期全国平均水平。[①] 汽车、电子、服装、食品、旅游等新兴产业发展起来，鲁尔的产业结构实现蜕变和升华，煤钢产业所占比重大幅缩减，软件等信息技术产业增加值增速在全国遥遥领先，服务业比重由 20 世纪 50 年代初的 29.8% 上升到 90 年代的 56%。

美国匹兹堡地区早期的主导产业是钢铁，其被称为"钢铁之都"，20 世纪 80 年代钢铁产业衰退，匹兹堡开启转型之路。匹兹堡的成功经验是

---

① 冯春萍. 德国鲁尔工业区持续发展的成功经验 [J]. 石油化工技术经济，2003（02）.

以大学为引擎,实现产业重构。其拥有 34 所大学,特别是匹兹堡大学和卡内基梅隆大学在产业转型过程中发挥了重要的引领作用,由单一钢铁产业转为重点发展五大产业,即先进制造、能源、金融商业服务、健康和医疗、资讯和通信技术,由一个重工业污染城市转变为科技型城市。

美国底特律是老工业区城市重振失败的典型案例。底特律曾经是美国的"汽车之都",汽车产业的快速发展吸引了大量人口,在 20 世纪 50 年代达到峰值。但随着日本等全球其他地区汽车产业的崛起,底特律汽车产业逐步衰落,人口失业率居高不下,20 世纪 90 年代以来持续维持在 10% 以上的水平。伴随着产业衰落的是社会治安的恶化,底特律成为美国犯罪率最高的城市之一。

从以上三个老工业区城市兴衰来看,产业实现升级和多元化是传统老工业区重振的关键所在,产业是一个地区活力的源泉,产业"空洞化"、产业持续低端化是一个城市衰落的开始。推进老工业区振兴,一是传统产业能与现代信息技术、智能技术融合,带动传统产业升级,形成新的竞争优势;二是产业能够多元化发展,形成夕阳产业的接续产业,形成区域发展动力的多点支撑体系;三是保持老工业区教育、科技等发展,保障民生事业发展,以教育和科技带动传统产业的转型,带动社会的转型。

二 当前东北产业结构面临的主要问题

(一) 传统重化工业比重居高不下

东北传统能源和重化工业所占比重在 20 世纪五六十年代就达到较高水平,东北振兴战略实施以来,该比重仍然居高不下。辽宁重化工业比重在 70% 以上;吉林重点产业集中于汽车、轨道客车、化工产业;黑龙江能源及重化工产业比重在 80% 左右。总体来看,东北三省"重工业过重,轻工业过轻"的结构性问题没有得到有效改善。在重化工业占比高的同时,其产业整体处于产业链价值链低端,冶金、石化产业"炼"余而"化"不足、"粗化工"有余而"精细化工"不足、原材料有余而增值链不足,产业竞争力不高。重化工业占比高的一个后果是经济发展不稳定,波动较大，一旦国际市场重化工业产品需求下降，则东北经济受影响非常大，缺乏发展韧性。习近平总书记 2015 年 3 月全国两会期间参加吉林省代表团审议时强调，东北等老工业基地振兴发展，不能再唱"工业一柱擎天，结构单一"的"二人转"，要做好"加减乘除"。

（二）新兴产业发展滞后

新兴产业规模偏小。按照新供给经济学的划分，供给周期大致可分为新供给形成、供给扩张、供给成熟和供给老化四个阶段。从全国来看，2016 年以后由供给老化阶段过渡到新供给形成阶段，以东南沿海地区新技术、新产业、新业态、新模式为代表的新供给成为拉动经济增长的重要力量。而同期东北仍处于供给老化阶段，"四新经济"没有充分发展起来，集成电路、工业机器人、生物医药、新能源等新兴产业虽然发展比较快，但总体规模比较小，对经济增长的带动作用有限。传统产业发展动力衰退，新动能没有真正形成，新旧动力处于青黄不接状态。

2020 年，辽宁省规模以上电子信息制造业主营业务收入占全国 0.6%，全国排名第二十；而四川省在 2019 年电子信息制造业主营业务收入已跨越万亿大关，排名全国第六、增速第二；浙江省规模以上电子信息制造业主营业务收入同比增长 21%，规模居全国第三。长春市百强企业仅有 68 户企业有研发投入，平均投入 4.08 亿元，全国民营企业 500 强平均研发投入 29.4 亿元，是长春的 7 倍多。从辽宁来看，高技术制造业增加值仅占规模以上工业增加值的 6.2%；高端装备制造业营业收入仅占装备制造业的 20%；医药工业营业收入仅占全国的 2.4%；电子信息制造业营业收入仅占全国 0.6%。辽宁工业固定资产投资增长乏力，其中信息产业、生物医药、装备制造方面投资占比不到 20%，导致工业机器人、新能源汽车等在国内起步较早的产业位次逐渐后移。燃料电池、石墨烯等产品产业化步伐缓慢，轮毂电机、MEMS 等重点项目进展迟缓。

（三）制造业数字化智能化改造升级步伐缓慢

东北地区大部分中小企业仍采用传统的研发设计、生产制造模式，数字化、智能化设备普及率不高。数字化融合不够，5G、工业互联网、人工智能、区块链、大数据等新技术应用不广泛，AR、VR、物联网、新型传感器等智能化产品缺乏，信息系统集成、物联网技术、互联网平台等新兴行业企业较少。从辽宁来看，制造业数字化研发设计工具普及率为66.2%，低于全国70.8%的平均水平；生产设备数字化率为43%，低于全国5.5个百分点，与东部沿海发达省市差距更大。

（四）工业互联网对产业升级带动作用不足

其一，东北工业互联网集成能力不足，服务能力弱。东北地区工业控制系统、高端工业软件、工业大数据、云计算平台等工业互联网关键技术仍处于起步阶段，各类信息系统和工业软件还处在单项应用环节，综合集成应用较少。与南方发达地区相比，东北在全国和区域内有一定影响力的工业互联网平台较少，还没有国家星级平台。多数平台现有数据分析能力和工业知识积累还无法满足应用要求，供给能力不足，规模不大，平台辐射和带动力不强。其二，制造企业与互联网企业融合发展的广度与深度不够。东北制造企业发展理念相对保守，企业家对发展工业互联网认识不足，发展意愿不强。同时，东北制造业以重型机械工业为主，生产经营投入成本高、回报周期长，生产线和制造技术多样复杂，通信运营商、互联网企业、制造企业等各方对信息互联互通、接入技术标准等达成共识有一定难度。其三，工业互联网理论与政策探索较多，产业应用推广不足。当前东北在理论研究和政策颁布方面探索较多，真正落地项目和政策较少，很多企业仍处于观望状态，工业互联网的认可度不够。产业应用推广不足，工业互联网新技术的产业化和商用水平较低，应用领域单一，大部分地区和行业仍处于以初级或局部应用为主的阶段。

三　推进东北产业升级的总体思路

（一）基于构建以实体经济为支撑的现代化产业体系目标推进产业升级

党的十八大以来，党中央对构建现代化产业体系做出明确部署。党的十九大提出"建设现代化经济体系",强调"要着力加快建设实体经济、科技创新、现代金融和人力资源协同发展的产业体系";党的二十大提出"建设现代化产业体系",强调"坚持把发展经济的着力点放在实体经济上,推进新型工业化""推动制造业高端化、智能化、绿色化发展""巩固优势产业领先地位""推动战略性新兴产业融合集群发展""构建优质高效的服务业新体系,推动现代服务业同先进制造业、现代农业深度融合""加快发展物联网,建设高效顺畅的流通体系""加快发展数字经济,促进数字经济和实体经济深度融合"等;习近平总书记在 2023 年中共中央政治局第二次集体学习时强调,"新发展格局以现代化产业体系为基础,经济循环畅通需要各产业有序链接、高效畅通"。习近平总书记在二十届中央财经委员会第一次会议上强调,"加快建设以实体经济为支撑的现代化产业体系,关系我们在未来发展和国际竞争中赢得战略主动。要把握人工智能等新科技革命浪潮,适应人与自然和谐共生的要求,保持并增强产业体系完备和配套能力强的优势,高效集聚全球创新要素,推进产业智能化、绿色化、融合化,建设具有完整性、先进性、安全性的现代化产业体系"。新时代东北振兴要以建设现代化产业体系为战略目标,打造自主可控、安全可靠、竞争力强的现代化产业体系,在建设现代化产业体系中推进东北产业升级(见图 6-1)。

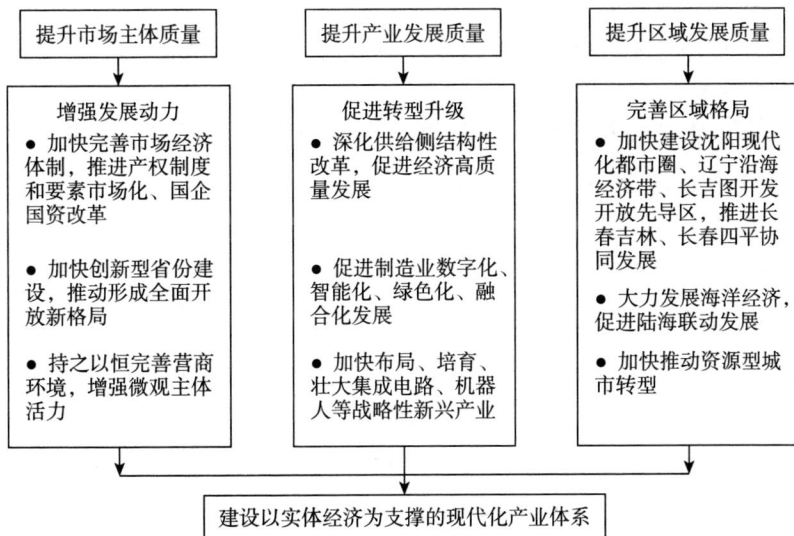

图 6-1　建设以实体经济为支撑的现代化产业体系

（二）基于高质量发展总体要求推进产业升级

"十四五"时期后三年是东北推进产业升级的"窗口期"，在当前新冠肺炎疫情基本结束、全国经济增长新周期开启之际，东北不应急于追求短期的高增长速度，应落实中央高质量发展要求，以加快建设以实体经济为支撑的现代化产业体系为目标，把提升产业发展质量效益放在战略首位，加快转变发展方式、优化经济结构、转换增长动力，深化以产业转型为目标的结构性改革，构筑内生增长动力体系，推进经济发展质量变革、效率变革、动力变革，提高全要素生产率，大力发展实体经济，推动企业提升价值链和产品附加值，开启东北高质量发展的新周期。

笔者认为产业高质量发展有以下一些评判标准：

①全要素生产率达到国内（国际）先进水平；

②技术密集型和高附加值工业占主导地位；

③具有自主创新能力，核心与关键技术有自主知识产权；

④有利于形成未来区域可持续竞争力的战略性新兴产业、蓝海产业占有较高比例，成为经济发展的重要支撑力量；

⑤有一批进入全国（世界）前列的大企业和知名品牌；

⑥主要工业产品市场占有率居于全国（世界）前列；

⑦形成绿色发展模式，万元 GDP 能耗等处于较低水平。

（三）走"传统重化工业转型升级 + 战略性新兴产业发展壮大 + 消费品工业做优做精"的融合发展道路

紧密围绕产业结构升级精准发力，推动辽宁着力建设具有国际影响力的先进装备制造业基地、世界级石化和精细化工产业基地、世界级冶金新材料产业基地三个万亿级产业基地；推动吉林汽车产业锚定"万亿级"迈向"新台阶"；推动黑龙江着力建设农业和农产品精深加工万亿级产业集群。传统重化工业是东北的优势产业和宝贵财富，要通过与高新技术融合不断推进转型升级，促进传统产业数字化、智能化、绿色化提升，增强产业竞争力，形成引领新时代东北振兴的新动能。构建起新兴产业体系是东北实现全面振兴的关键所在。着眼于抢占未来产业发展先机,培育先导性和支柱性产业,抢抓新赛道,培育新动能,推动战略性新兴产业融合化、集群化、生态化发展。深刻认识发展消费品工业对推进东北全面振兴的重大意义,加强顶层设计,明晰发展重点,完善扶持政策,把发展消费品工业纳入经济发展的重要日程,把消费品工业打造成为支撑东北全面振兴动力系统的核心构架之一。

四　对策建议

(一)促进传统重化工业向中高端产业链演进

充分发挥产业政策功能,引导东北企业实施新一轮大规模技术改造,全面提升技术改造投资规模和比重,带动产业高质量发展。着力攻克制造业"卡脖子"技术,促进产业链强链、延链、补链,提升传统制造业核心部件及总装生产能力。着力改变冶金、石化产业"炼"有余而"化"不足、"粗化工"有余而"精细化工"不足、原材料有余而增值链不足的状况,积极优化石化、钢铁、菱镁产业布局,引导产业集聚化发展,向产业链中高端发展。大力发展先进钢铁材料、先进有色金属及合金材料、先进化工材料、先进无机非金属材料等先进基础材料,突破高端轴承用钢等"卡脖子"技术,规划布局一批前沿新材料,满足"一代材料,一代装备"需求。瞄准国家碳达峰、碳中和目标,增强企业降低碳排放主体责任,大力建设绿色工厂,支持产业园区的循环化改造,坚决遏制高耗能产业项目上马,推动产业绿色化发展。抓住国家能源双控转向碳排放双控的机遇,梳理过去受制于能源双控而无法上马或被"误伤"的化工新材料、精细化学品等项目,争取国家重新批准立项和开工建设。辽宁催化剂产能占全国20%,应发挥大连化物所技术优势,依托营口向阳、大连中触媒等重点企业,谋划建设催化剂产业园区。调整乙烯下游产品结构,增加环氧乙烷和环氧丙烷有效供给,补足产业链短板。整合鞍山、本溪等地丰富的煤焦油资源,打造百万吨级煤焦油深加工产业集群。

(二) 着力发展战略性新兴产业

推进创新体系的战略重构,加快东北自贸区、自创区建设,推动国家实验室等重大创新平台建设,积极跟进国家战略性科技基础设施布局,集中科技资源和力量攻克一批"卡脖子"技术,着力壮大新增长点,形成发展新动能。推进产业链和创新链融合,推动战略性新兴产业集群高质量发展,大力发展高端装备、新材料、航空航天、新一代信息技术、汽车、机器人、生物医药、新能源、节能环保、海洋工程等战略性新兴产业,力争在航空发动机、燃气轮机、新能源汽车、人工智能等领域取得突破,使战略性新兴产业成为经济发展的重要支撑。超前布局一批未来产业,重点部署新材料、互联网、大数据、边缘计算等领域交叉前沿研究,催生一批重大原始创新成果,掌握创新主动权。

大力发展工业机器人产业。针对东北地区工业机器人产业关键零部件80%来自国外和南方地区的现状,把完善机器人产业生态作为东北地区"十四五"时期产业发展的重点任务,围绕产业链关键环节在国内外开展有针对性的招商引资,通过降低投资和生产成本、构建更多产业发展平台、组建产业发展基金等政策提升区域吸引力,加快推进沈阳机器人未来城建设,做大产业链集群规模。依托中科院沈阳自动化所、哈工大等科研优势、品牌优势和规模效应,着力孵化孕育更多机器人小企业,并扶持企业成长壮大,打造机器人产业创新生态圈。支持新松机器人等重点企业打造链主企业,以提升自主创新能力和完善产业链为重点,吸引供应链企业来东北投资,增强产业竞争力。

促进集成电路产业快速发展。以沈阳、大连、长春、哈尔滨为重点,集中精力布局集成电路领域重大项目,形成集群发展态势。依托大连市的英特尔等60余家半导体生产及配套企业,沈阳市的东软、芯源、拓荆科技、富创精密等企业,积极引进大项目投资,集中精力做大做强集成电路相关产业,培育新的增长极。积极争取国家级创新平台和大科学装置在东北落地,着力突破集成电路卡脖子技术,推动产业链创新链融合,带动新一代信息技术、高端装备制造、生物医药、节能环保、新能源等战略性新兴产业发展,促进高端要素集聚,增强老工业区增长动力和活力,促进东北产业由"量变"到"质变",构建东北振兴的新动能。

发展壮大医药健康产业。充分利用辽宁省国家创新药物(本溪)基地、吉林省"北药基地"、哈尔滨国家生物医药产业园、哈尔滨利民医药产业基地等平台及中国医科大学、沈阳药科大学、辽宁中医大学、黑龙江中医药大学、长春中医药大学、吉林医药学院及东北医药企业研发团队的优势,积极开展突发疫情科研攻关、新药开发等工作。加强医药科研投入,大力发展医药健康产业,促进生物医药、现代中药等产业升级换代,促进本溪、沈阳、大连等生物医药集群进一步做大做强。大力发展医疗器械产业,以东软医疗等企业为重点,加快数字医疗设备等产品生产,扩大出口。对相关企业生产和扩大重点急需设备及关键、紧缺零部件生产予以资金支持。

(三)促进消费品工业做优做精

按照构建新发展格局的要求,牢牢把握扩大内需这个战略支点,大力发展消费品工业,带动东北地区提升就业水平,增强经济发展韧性,降低经济周期性波动带来的影响。"十四五"时期东北要加快推进轻工、纺织、食品、家电等消费品工业发展,形成工业品和消费品相结合的产业结构。积极推进品种丰富、品质提升、品牌培育工作,利用好云计算、大数据、物联网、移动互联网和人工智能等新一代信息技术,提升产品个性化定制设计、时尚设计、智能设计和体验交互设计能力,更好地满足不同群体消费者的个性化需求。利用好国家支持东北振兴的政策,充分发挥机械制造业优势,吸引国内外家电品牌在东北投资,鼓励国内家电、冰箱、空调等行业龙头企业将部分生产能力布局东北,支持传统制造企业通过嫁接、分立、拓展等方式进入家电行业,重塑东北家电产业体系。利用好东北高质量的农产品原料优势,将粮油、食品、烟酒、饮料等行业做大做强,实施本土品牌提升工程,深入挖掘品牌背后承载的文化价值、历史内涵,打造具有鲜明东北特色的"黑土地"消费品品牌,构建市场定位、产品规划、品牌传播等全过程协同发展的品牌体系。

（四）强化生产性服务业对产业升级的推动作用

生产性服务业是助推制造业等传统产业转型升级的重要力量，制造服务化和服务型制造是制造业和服务业"双赢"的重要路径。积极引导制造企业充分利用互联网技术，推广工业设计、定制化服务、供应链管理、全生命周期管理等新模式，大力发展服务型制造。对产品设计、营销方式、支付结算、售后服务等环节进行创新，培育科技、物流、电子商务等生产性服务业。其一，继续推进企业主辅分离工作，促进研发、物流、检验检测等环节独立出来，实现市场化运营、社会化发展、专业化服务，加快做大做强，形成新增长点。同时，以产业转型升级需求为导向，支持企业外包非核心业务，提升产业效率。其二，加大对检验检测认证、计量测试、售后服务、品牌建设等领域重大服务平台和研究设计、数字内容、知识产权等科技服务业和高技术服务业支撑平台建设的支持力度，大力发展工程咨询、信用调查、技术产权交易等专业服务。其三，促进制造业将产业链向具有高附加值的上下游两端服务环节延伸，在最终产品中增加更多的服务元素，实现产业链服务化，增强为用户提供整体解决方案的能力。如促进东北大型机械企业为海内外用户提供设计、制造、土建、安装、调试的"全套服务"等，改变东北在价值链上被"低端锁定"的现状，构建产业价值链的组合优势。其四，针对生产性服务业短板，着力引进和培育高端企业。如东北装备制造企业众多，但真正能为企业提供零部件整体采购方案、仓储配送无缝链接等高端服务的物流企业还基本是空白，应着力引进固安捷（全球 500 强的工业品分销商）、怡亚通（一站式供应链管理模式的物流企业）等高端生产性服务企业投资，并促进本地企业高端化发展。

集中力量推进装备制造行业智能化改造，着力发展智能装备和智能产品，推进生产过程智能化，培育新型生产方式，全面提升企业研发、生产、管理和服务的智能化水平。以智能工厂为载体，以全面深度互联为基础，以端到端信息数据流为核心驱动，构建设计、供应、制造和服务各环节无缝衔接的智能工业生态系统。加快应用数控技术和智能装备对传统生产设施的数字化改造，重点推进数控机床、行业专用设备、大型机器设备等数字化改造和联网管理，逐步形成制造业与互联网融合发展的产业生态体系。推广应用 i5 智能机床、柔性化生产线等智能装备和产品，提升企业智能制造和智能服务水平。补齐在基础零部件、基础工艺、基础材料和产业技术基础方面的短板，提升基础配套能力。

（五）加大对企业上市的支持力度

国家政策已提出对符合条件的东北地区企业申请首次公开发行股票并上市给予优先支持，中国证监会明确对东北符合条件的企业申请首次公开发行股票给予"优先反馈、优先初审、优先发审、优先发行"的扶持政策，东北要充分利用这些优惠政策，着力加强资本市场建设，力争培育更多企业上市，增强区域经济的持续发展能力。

建立拟上市重点企业培育计划，多渠道挖掘后备资源。重点在规上企业、开发区企业中"排摸一批"有上市潜力的后备资源。在智能制造、新一代信息技术、智慧经济等新兴产业的优质企业，特别是行业标兵、单打冠军、隐形冠军中"培育一批"后备资源，加大新技术、新产业、新业态、新模式企业上市支持力度。在招商引资中"招引一批"优质区外拟上市企业项目作为后备资源。加强上市资源发掘培育尤其是强化培训，继续推进新三板和区域股权市场发展，积极构建多层次资本市场体系，推动更多东北企业进入资本市场；大力推动企业股改上市。股改是企业利用资本市场发展的基础性工作，要推动"规转股、股上市"，深入挖掘符合产业政策导向、主营业务突出、资产权属清晰、盈利水平较高、具有发展潜力的优质企业，重点将信息技术、智能制造、新能源、新材料和生物制药等新兴产业企业作为股改对象，列入股改清单，并支持股改企业上市；拓宽企业上市渠道。坚持境内上市与境外上市并重、直接上市与间接上市并重、IPO 上市与场外挂牌并重，多层次多渠道推进上市公司倍增计划。对主营业务突出、盈利水平高、市场前景好的龙头企业，推进主板上市；对科技含量高、成长性好的中小型企业，推进中小板、创业板上市；对初创型、科技型中小型企业，推进新三板、浙江股权交易中心挂牌；对外向型或新业态、新商业模式的企业，鼓励到境外上市。

（六）以工业互联网的发展带动产业升级

当前，全国各地对工业互联网发展高度重视，东北应积极学习借鉴南方先进地区的经验，抢抓机遇，理清思路，加快发展工业互联网，带动产业转型升级，重塑东北产业发展优势。

第一，坚持"制造业＋互联网"，形成具有东北特色的工业互联网发展模式。东北发展工业互联网应坚持"制造业＋互联网"，而不是"互联网＋制造"，突出东北制造优势，由单纯"生产制造"向工业互联网下的"供应链协同"发展转变。通过制造业与新一代信息技术的深度融合，形成全新的工业生态和新型应用模式，通过人机物的全面互联，实现全要素、全产业链、全价值链的全面链接。进一步提升对"制造业＋互联网"发展的战略认识，站在全球工业互联网发展的高度制定东北制造业的转型发展战略，重视工业互联网平台的基础性、战略性作用。现阶段应夯实数字化基础，让"数字化制造""互联网＋制造""新一代智能制造"三种范式并行推进。在顶层设计的基础上，围绕图6－2六大体系路线推进，依据不同行业和企业发展的不同水平，发展多层次工业互联网产品，赋能制造企业转型升级。坚持以政府引导、企业为主的发展原则，处理好政府与市场的关系，政府作为工业互联网上的一个链接点，统筹、协调、集聚各种优势资源，侧重于提供体制机制服务及政策扶持，强化企业在工业互联网发展中的主体地位。

第二，明晰发展东北工业互联网带动制造业转型升级的路线。东北发展工业互联网，要在网络、平台、安全三大功能体系基础上，构建六大体系，积极探索应用智能化生产、个性化定制、网络化协同、服务化延伸等四种模式，优化链接研发与设计、生产与制造、营销与服务等全要素、全产业链、全价值链各环节，实现工业互联网赋能传统制造业，加速高端制造业升级的功能定位和战略目标，将东北打造成为工业互联网创新发展的先进地区。

网络体系：这是工业互联网赋能制造业的基础，包括最基础的网络设备、通信服务、工业网络元器件、安全、系统集成等，重点做好两个方面的工作。一是制造企业内网改造升级：分步骤、分行业推进IP化、扁平

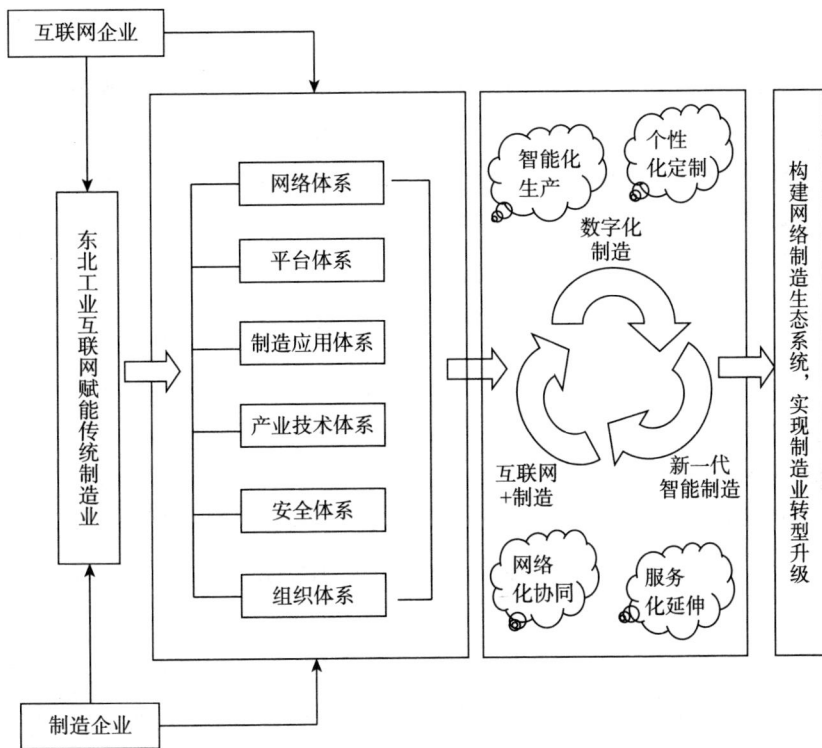

图 6-2　东北工业互联网赋能制造业升级路线

化、柔性化技术改造，实施数字工厂工程；二是制造企业外网建设：宽带网络基础设施建设与改造，进一步推动 5G 网络建设；加强网络设备、设施、系统等的 IPv6 部署和改造。

平台体系：平台建设是工业互联网发展的核心，从"建平台"和"用平台"两个角度，构建双向迭代、互促共进的制造业新生态。重点围绕四个方面：一是工业互联网平台培育：在培育区域级平台和企业级平台的同时，重点做好行业级平台建设。打造多层次、系统性的工业互联网平台发展体系。二是工业互联网平台试验验证：推动企业与科研机构合作共建测试验证等功能性平台，开展技术验证与测试评估服务。三是企业上云：推动企业业务系统的云化改造，鼓励全省中小企业业务向云端迁移。四是工业 App 培育：支持软件企业、制造企业与科研院所等开展合作，在嵌入式软件等优势领域培育壮大工业 App。

制造应用体系：加强工业互联网的产业培育和应用推广是平台体系的延伸，立足东北在装备制造方面的相对优势和特点，充分利用智能化生产、网络化协同、个性化定制和服务化延伸四种模式，提升大型企业工业互联网集成创新，推进低成本、模块化工业互联网设备和系统在中小企业中的普及和应用。加快载体建设，打造工业互联网综合示范基地。以智能装备为重点，打造融合应用试点示范工程，培育一批示范企业和示范项目，在示范先行的基础上推动应用的工程化和产业化。

产业技术体系：深入实施工业互联网创新发展战略，促进技术迭代升级，发展5G、人工智能等新一代信息技术，集中力量突破一批关键核心技术，加强前沿技术协同攻关和共性技术研究，夯实工业互联网发展基础。构建数据集成和边缘处理技术、laas技术、平台通用使能技术、工业数据建模和分析技术、工业大数据计算技术、应用开发和微服务技术、平台安全技术等共同构成的工业互联网平台技术体系，建立面向全生命周期的工业互联网技术服务生态系统。

安全体系：成立工业互联网安全专家咨询委员会，推动建立东北网络安全建设研究基地，从技术和管理两个层面双管齐下，建立健全从硬件到软件、从应用到数据的安全机制。围绕工业互联网设备安全、控制安全、网络安全、平台安全以及数据安全等发展网络安全产业，推进其与制造业协同创新，开展工业互联网安全试点示范，提升现代制造业安全防护和监测能力，推动全产业链数据安全保护体系建立。

组织体系：健全组织体系和实施机制，建构政府、社会组织、研究机构和制造企业等各方关系。依托东北区域工业互联网产业联盟等组织机构，搭建政府与企业的沟通桥梁，整合全省研究院所、龙头企业等优势资源，组建工业互联网战略咨询专家委员会，建设工业互联网领域实验室、工程中心、技术中心等综合创新载体，形成资源集聚，构建区域以"高端装备"为特色的工业互联网创新生态体系。

第三，加强工业互联网与制造业融合创新，构建具有东北特色的制造行业平台。研究制定制造业与工业互联网融合发展的一揽子政策，鼓励制造业企业与互联网企业加强合作，以应用为导向、以系统集成和综合服务能力提升为重点，培育一批工业互联网相关系统解决方案提供商和应用服务商。推动技术研发与成果转让,加强工业互联网技术与制造业产业链各个环节的渗透融合,打造全新的工业生产制造和服务体系。立足东北实际,从重点构建行业级平台入手,发挥东北在智能装备领域的优势,打造具有东北制造特色的工业互联网行业平台,促进区域性平台与本地行业龙头企业合作,打造专门的行业云平台,同时也与南方地区形成错位发展。

第四,加速工业互联网在制造业领域的应用推广,打造具有区域特色的工业互联网产业示范基地。选取一批在融合创新方面有代表性、典型性和突出特色的试点示范企业,总结成功经验和模式,加大宣传推广,在有条件的制造企业开展智能制造应用示范。从协同设计与制造、质量优化、供应链高效管理、设备远程运维等方面应用入手,逐步培育工业应用的创新生态。东北的工业门类较为齐全,能够为工业互联网的发展提供丰富的应用场景。可以探索建立以机器人及智能装备、数控机床、航空航天装备、重大成套装备等为代表的高端装备工业互联网产业示范基地,打造工业互联网标杆工厂和功能性平台。

第五,强化财政资金引导,创新金融服务方式。加大工业互联网赋能制造业的资金投入,以财政资金为基础,设立工业互联网发展的专项资金和产业发展基金,对制造业与互联网融合关键技术研发、公共服务平台建设、产业化应用项目、试点示范企业、人才培养等给予资金支持。发挥财政引导和政策导向作用,协同各方,为投融资机构、制造企业、互联网企业等搭建平台,创新金融服务方式,拓宽融资渠道,构建多元化融资体系。

第六,加强对外合作,提升合纵连横能力。加强与工信部三大支撑机构——中国电子信息产业发展研究院、中国信息通信研究院、国家工业信息安全发展研究中心等的对接合作。建议在东北设立中国信息通信研究院东北工业互联网基地,借鉴上海、江浙等地的经验和做法,联合中国信息通信研究院等专家团队,遴选有潜力、有基础的企业进行培育,开展"一对一"专家咨询诊断。东北三省的对口省份江苏、浙江、广东三省的国家级工业互联网平台最多,并且在全国率先构建了工业互联网平台发展体系,东北三省可以重点在工业互联网发展方面寻求与对口省份的合作。推动东北研究院所与制造业领军企业等交流与合作,加强国际交流与合作,集中东北现有的资源和力量,提升工业互联网赋能制造业的合纵能力。

第七，构建东北工业互联网人才支撑体系，增强复合型人才储备。围绕工业互联网赋能制造业发展需求，加大人才政策扶持力度，加快培养、引进一批高端、复合型人才。依托国家重大人才工程和高层次人才特殊支持计划，培养创新型领军人才。搭建工业互联网专家智库，依托高校和重点企业，建设工业互联网专业技术人才培养和小微企业实训基地，对重点行业、关键环节、高端产品制造的专业技术人员实施专项培训。针对中小微企业人才需求强烈的问题，积极构建企业联盟共享人才模式，让相关企业共享高端人才，实现企业和人才的精准匹配。

第七章 做大做强民营经济

——基于提升市场主体活跃度的着力点

"东北现象"一个表现是民营经济发展滞后，既缺乏"顶天立地"的大企业，也缺乏"铺天盖地"的中小企业，市场主体活力不足，没有真正形成带动经济持续健康发展的新动能。简单地说，东北地区与南方发达地区的差距，重点在于民营经济发展落后。东北民营经济发展中存在更多瓶颈，受到更多约束，包括发展理念的问题、营商环境的问题、产业结构的问题、金融等要素供给问题、企业家整体素质问题等，推进民营经济高质量发展是实现东北全面振兴、全方位振兴的重要抓手和着力点。

一 推进东北民营经济加快发展的重大意义

民营经济是市场活动中的中坚力量，是社会主义市场经济重要组成部分。面对当前错综复杂的国内外形势，民营经济更能凭借自身的活力及韧性顽强地生存下去，对于稳住经济大盘、提升民生福祉、构建新发展格局、推进东北全面振兴全方位振兴具有不可替代的作用。

（一）壮大东北实体经济的重要抓手

自 2003 年实施东北老工业基地振兴以来，东北地区市场经济体系不断完善，经济运行质量明显提升。到 2008 年，地区生产总值增长率已超过东部地区，高于同期全国 1.7 个百分点，增速位列全国四大区域板块之首，东北振兴取得阶段性成效，极大激发东北地区微观经济主体的活力及创造力，民营经济发展也进入快车道。民营企业大多在实体经济领域，是发展实体经济的主力军，东北民营经济广泛分布在装备制造、冶金石化、生物医药、机器人等传统和新兴产业领域，在稳增长、促创新、增就业、利民生等方面发挥着不可替代的重要作用。民营经济的发展壮大了东北实体经济，成为东北振兴的有力推手。习近平总书记在参加十二届全国人大五次会议时，对辽宁代表团强调，老工业基地是靠实体经济起家的，新一轮振兴发展也要靠实体经济，不论经济发展到什么时候，实体经济都是我国经济发展、在国际竞争中赢得主动的根基。2014 年以来，东北地区内生增长动力不足、经济增速下滑，经济社会发展遇到了前所未有的困难，以民营经济为抓手大力发展实体经济，是东北地区转换经济发展模式、重构区域动力系统、实现高质量发展的客观需要。

（二）优化东北营商环境的重要领域

营商环境决定民营经济是否能健康发展。习近平在东北振兴座谈会上将"以优化营商环境为基础，全面深化改革"作为六项重点工作的第一条，充分说明了优化营商环境这项工作在东北振兴发展中的地位与作用。民营经济发展情况体现营商环境好坏，营商环境好，民营经济发展就好，营商环境和民营经济两者相辅相成。因此，东北地区优化营商环境要把重点放在民营经济领域，倾听民营企业的呼声，解决民营经济的问题。整体来看，东北地区市场化水平相对滞后，营商环境不完善，要推进资源市场化配置，对所有市场主体一视同仁、公平公正，持续推进减税降费、商事制度改革、"一网通办"等政策，营造公平有序、要素完备、体系健全、依法行政的监管体系，真正激发社会潜能和市场活力，释放发展内生动力。

（三）创新东北体制机制的重要体现

东北老工业基地实施振兴战略以来，全面振兴取得重大进展。同时，也面临经济结构调整、区域发展滞后等一系列问题，东北发展的内生动力没有建立起来。习近平总书记强调，"坚决破除体制机制障碍，形成一个同市场完全对接、充满内在活力的内生的经济增长机制是推动东北老工业基地振兴的治本之策"①。近年来，全国四大区域板块中东北经济增速较低，重点在于民营经济，民营经济发展滞后的重点在体制机制方面。"十四五"及中长期，东北要在推进要素市场化、完善市场体系、理顺政府和市场的关系等方面再发力，持续深化重点领域和关键环节改革，构建充满内在活力的体制机制，发挥改革的突破和先导作用，为推动东北三省经济高质量发展注入新动能，带动民营经济健康发展。

（四）培育经济发展新动能的重要着力点

东北地区的产业结构以传统重化工业为主体，产业偏资源型、偏中低端，传统产业与新一代信息技术融合不足，结构性问题积重难返，产业竞争力下降。习近平总书记2018年9月在深入推进东北振兴座谈会上指出，深入推进东北振兴要"以培育壮大新动能为重点，激发创新驱动内生动力"②，要积极扶持新兴产业加快发展，尽快形成多点支撑、多业并举、多元发展的产业发展格局。这就要求东北拿出更加积极有效的措施推进创新转型，培育发展新动能。民营经济是发展新动能的主力军，与互联网技术、人工智能技术等融合发展更快，东北民营经济已在生物医药、集成电路、高端制造、生态环保等领域呈加快发展态势，"十四五"及中长期发展新产业、新业态、新模式要更多依靠民营经济。

（五）实现东北人民共同富裕的重要力量

习近平总书记多次提到，要毫不动摇鼓励、支持、引导非公有制经济发展，这对东北地区尤为重要。国家"十四五"及中长期远景规划中对推进共同富裕提出明确要求，东北地区发展不平衡不充分问题相对突出，吉林、黑龙江与辽宁发展水平差距较大、城市与农村发展差距较大、沿海与腹地发展差距较大，对于推进共同富裕的艰巨性、复杂性要有更充分的估计。同时，东北振兴是全面振兴、全方位振兴，人民生活水平提高、民生

---

① 习近平在部分省区党委主要负责同志座谈会上强调 加大支持力度增强内生动力 加快东北老工业基地振兴发展［N］.经济日报，2015 - 7 - 20.
② 培育壮大新动能 激发创新驱动内生动力［N］.吉林日报，2018 - 10 - 02.

事业全面发展是其中重要一环。而民营企业为东北贡献了 80% 的就业，是提高居民收入、推进共同富裕的重要力量。只有加快完善区域营商环境，为民营企业发展壮大释放各项政策和制度红利，为民营企业跑出新一轮"加速度"持续提供助力，才能充分调动广大市场主体积极性，推进东北实现共同富裕。

二 东北民营经济发展现状分析

近年来，东北三省不断优化民营经济和各类市场主体发展环境，大力推进降本增效，中小企业活力与竞争力明显提升，民营经济呈现稳步发展的态势。民营经济成为稳住东北地区经济基本盘、积蓄发展新动能的重要支撑，不断在经济结构、发展平台、开放合作等领域实现新突破。

（一）东北民营经济发展的基本态势

1. 发展实力不断增强

中小企业是国民经济发展的生力军，工业是民营企业的主要阵地①。表 7-1 显示，近年来除吉林规模以上私营工业企业总量有所下降外，辽宁、黑龙江的企业数量稳步增长。从所占比重看，东北三省虽不及全国平均水平，但"十三五"期间均保持上升态势，吉林、黑龙江市场主体容量激增，活力动力持续增强。

从资产总计上看，尽管经历了经济增速放缓、转型升级压力大等困难，东北民营企业加大优化调整资产结构、存量结构，在汽车制造、农副产品加工、医药制造、有色金属冶炼等传统优势上获得外延增量。2016 ~ 2020 年，辽宁、吉林、黑龙江规模以上私营工业企业资产占规模以上工业企业资产比重分别提高 5.6 个、1.1 个、5.8 个百分点，资产规模实现较快增长，充分彰显资产结构对企业运行经营的保障和对收益的提振效应，为东北三省工业稳定发展提供良好基础。

---

① 为保障数据获取的可及性及连贯性，本篇用规模以上私营工业企业指标反映民营企业发展情况。

东北民营企业经营状况继续改善。2016～2020 年，东北三省营商环境不断改善，规模以上私营工业企业不断加快塑造竞争新优势，营业收入、利润总额同比保持较高增速，所占比重持续上升。2020 年中国民营企业500 强中，辽宁 8 家入围，入围企业营业收入总额实现 5908 亿元，全国排名第 12。

表 7-1　"十三五"时期东北三省规模以上私营工业企业主要指标

地区	年份	企业单位数（个）	占比*（%）	资产总计（亿元）	占比（%）	营业收入（亿元）	占比（%）	利润总额（亿元）	占比（%）	资产负债率（%）
全国	2016	214309	56.6	239542.7	22.1	410188.1	35.4	25494.9	35.4	50.7
	2017	215138	57.7	242636.7	21.6	410189.1	36.2	23043	30.8	52.6
	2018	235424	62.8	263450.6	22.8	410190.1	38.8	21762.8	30.4	56.5
	2019	243640	64.5	282829.6	23.5	410191.1	38.4	20650.8	31.4	57.4
	2020	214309	56.6	345022.8	26.5	410192.1	37.9	23800.5	34.8	57.5
辽宁	2016	4366	54.4	6064.47	16.8	4648.26	21.1	151.56	26.3	59.4
	2017	3131	47.3	5683.2	15.6	4369.7	18.6	188.43	17.7	66.6
	2018	3139	47.4	5830.4	16.4	5390.9	19.4	211.4	14.5	67.3
	2019	3942	51.8	9286.2	22.5	8472.6	26.9	392.8	29.0	71.0
	2020	4647	59.9	9633.2	22.4	8308.6	27.1	405.8	30.3	67.8
吉林	2016	2997	49.9	2808.7	14.8	6919.93	29.5	320.5	25.3	44.6
	2017	3052	51.1	2720.46	14.1	5367.6	26.3	241.14	23.5	45.1
	2018	3094	51.9	2092.5	11.6	1422.9	10.0	64	7.8	54.1
	2019	1445	47.5	1797.5	10.7	1307.8	9.4	59.7	8.0	62.2
	2020	1835	60.3	2747.4	15.9	1962.8	14.8	101.8	17.7	62.5
黑龙江	2016	1759	44.6	1642.79	11.0	2984.86	26.3	139.65	47.3	50.0
	2017	1660	44.5	1559.71	10.7	1315.39	15.2	47.16	11.3	45.1
	2018	1671	44.7	1538.9	10.3	1159.5	12.4	32.6	6.7	62.3
	2019	1746	49.4	2054.3	12.5	1802.6	17.9	54.3	13.0	60.6
	2020	2301	60.0	2894.7	16.8	2320.9	23.5	89	28.6	62.7

*　占比是指规模以上私营工业企业占全国比重或分别占辽、吉、黑三省规模以上工业企业的比重。

资料来源：《中国统计年鉴》（2017～2021 年）。

2. 企业资产负债率有所上升，投资增速下降

东北地区偿债风险始终高于全国平均水平。企业资产负债率是反映行业发展趋势、衡量企业债务合理水平、评判企业运营能力及内在风险的重要指标。"十三五"时期，全国规模以上私营工业企业资产负债率均呈上升态势。截至 2020 年，辽宁、吉林、黑龙江三省规模以上私营工业企业资产负债率处于 40% ~ 70% 区间，同比上涨 -3.2 个、-0.3 个、2.1 个百分点。

私营个体固定资产投资增速降幅明显收窄。受统计数据"挤水分"、基建投资下滑等各类因素的影响，东北三省固定资产投资增速于 2016 年开始大幅下跌。辽宁私营个休固定资产投资增速为 -68.0%；历经两年负增长，2018 年反弹到 19.8%，2019 年、2020 年低速增长；吉林、黑龙江私营个体固定资产投资也呈较大幅度下降态势，2019 年两省分别下降 22.4%、30.6%。伴随工业经济及基建投资回升，到 2020 年，东北三省私营个体固定资产投资增速全面转正（见表 7 - 2）。

表 7 - 2 2016 ~ 2020 年全社会和私营个体固定资产投资增速

单位：%

年份	辽宁		吉林		黑龙江	
	全社会固定资产投资增速	私营个体固定资产投资增速	全社会固定资产投资增速	私营个体固定资产投资增速	全社会固定资产投资增速	私营个体固定资产投资增速
2016	-62.7	-68	10.1	12.0	5.5	7.9
2017	0.2	-12.3	1.4	1.3	6.2	11.3
2018	3.2	19.8	1.6	-1.0	-4.7	56.0
2019	0.7	2.1	-16.3	-22.4	6.3	-30.6
2020	2.6	2.2	8.3	6.8	3.6	0.9

资料来源：《辽宁统计年鉴》（2021）、吉林省统计局网站、《黑龙江统计年鉴》（2017 ~ 2021 年）。

3. 民营经济创新能力持续增强

提升民营企业创新能力是推动振兴发展的战略支撑。"十三五"时期，东北三省实施高新技术企业扩量提质行动，高新技术企业和科技型中小企业成长迅速。规模以上工业企业有效发明专利数年均增幅达到 15% 以上，新产品开发项目数年均增幅超过 10.9%，科技创新支撑引领高质量发展作用日渐增强（见表 7-3）。2020 年，辽宁、吉林、黑龙江三省研究与试验发展（R&D）经费支出占地区生产总值（GDP）比重分别达到 2.19%、1.27%、1.26%，与全国平均水平差距逐年减小；高新技术企业分别达到7000 家、2495 家、1932 家，形成一批以智能制造、数字化服务为导向，以物流、数据流等各类要素驱动的"专精特新"企业，通过细分领域建立竞争优势，企业韧性更足。东北着力建设人工智能工程中心、人工智能产业发展高端智库、人工智能企业数据库等，通过对口合作等途径举办高端论坛活动，构建成果转化和技术孵化体系，面向决策部门和创新主体开展人工智能领域的规划编制、决策支撑和成果转化转移服务，支持鼓励中小企业加速形成竞争新优势。

表 7-3 2016 年、2020 年东北三省规模以上工业企业研究与试验发展（R&D）活动及专利情况

年份	辽宁			吉林			黑龙江		
	R&D 经费（万元）	有效发明专利数（件）	新产品开发项目数（项）	R&D 经费（万元）	有效发明专利数（件）	新产品开发项目数（项）	R&D 经费（万元）	有效发明专利数（件）	新产品开发项目数（项）
2016	2420637	14188	6910	908602	3395	2470	884925	4716	2677
2020	3353222	28788	14329	776448	6696	3741	774634	8260	4501

资料来源：《中国统计年鉴》（2017 年、2021 年）。

4. 民营企业已成为主要外贸主体

"十三五"时期，受全球经济增速低迷、中美贸易摩擦等因素影响，东北外贸形势日趋严峻，进出口商品贸易整体萎靡。2016 年，辽宁民营企业出口 2840.8 亿元，同比下降 9.6%；进口 1908.7 亿元，同比增长 2.3%。黑龙江民营企业进出口总额增长 -26.5%。2018年，东北三省民营企业进出口实现正增长，充分发挥农产品、初级加工产品及工业制成品等传统优势，积极扩大出口。2020 年，辽宁民营企业进出口总额增长 19.9%，黑龙江增长 11.8%，高于国有、外资企业，民营企业成为外贸稳增长的中坚力量，成为推动东北地区出口快速增长的重要推手。

5. 民营经济社会贡献日益突出

"十三五"时期，东北民营经济在拉投资、增税收、稳就业、扩出口中发挥重要作用，挑起东北振兴发展的大梁。2020 年，辽宁百强民营企业营业收入总额 14019.96 亿元，比上年增长 17.67%；纳税总额 710.59 亿元，比上年增长 13.36%；吸纳就业 40 余万人。黑龙江百强民营企业营业收入 2999.06 亿元，比上年增长 9.66%；净利润 140.71 亿元，增幅为 15.72%。吉林民营企业数量已超过 49.19 万家，占全省企业总数的 92.08%，民营经济主营业务收入 15500 亿元，民营企业税收贡献 597 亿元，民营企业从业人员达 656 万人。[①] 民营企业抓住发展先机，餐饮、住宿、物流、零售、旅游等行业快速发展，涌现出桃李面包、禾丰牧业、远大集团、东软、双汇食品、碳谷公司、欧亚集团、修正药业、富奥、吉春制药、建龙、飞鹤、东方等一批行业领先的骨干民营企业。东北民营企业积极应对来自国内外的各类冲击，着力扩充总量，不断优化结构，延长产业链条，提升创新能力，成为东北经济的蓄水池、社会发展稳定器，成为推动高质量发展和东北振兴的重要力量。

（二）营商环境持续改善

1. 法规体系不断完善

在全面推进依法治国战略部署下，东北三省以立法形式不断优化营商环境。辽宁省推出第一部省级优化营商环境地方性法规《辽宁省优化营商环境条例》。此后，《辽宁省企业权益保护条例》《辽宁省知识产权保护办法》《吉林省优化营商环境条例》《关于支持中国（黑龙江）自由贸易试验区打造国际一流营商环境的指导意见》等陆续出台，东北三省着力完善法治保障，为民营经济发展保驾护航。

2. "放管服"改革逐步深入

东北地区聚焦企业和群众呼声最高的难点、堵点、痛点，充分激发市

---

① 吉林省工商联发布. 吉林省民营企业社会责任报告（2021 年）［N］.吉商日报，2021 - 12 - 30。

场活力，提升"放"的含金量，推进简政放权持续深入。"十三五"时期，辽宁非行政许可审批一律取消，全面实行"32 证合一"，向辽宁自由贸易试验区各片区等 4 个重点园区管委会及辽宁中部产业转型升级示范区抚顺片区赋予省级行政职权近 500 项；深入推进工程项目审批制度改革。以维护公平竞争市场秩序提升"管"的有效性，全面加强事中事后监管。以持续推动服务提质增效提升"服"的满意度，深入推进"证照分离""多证合一"和企业注销便利化改革，简化税务注销流程；全省一般登记和抵押登记业务实现 5 天办结。吉林省将原属省级行政职权 89 个事项下放至长春、通化，将更多自主经营职权下放至企业让群众享受到了实实在在的改革红利。黑龙江陆续出台《省发改委深化"放管服"改革十条措施》、"黄金 30 条""温情 21 条"等优惠政策，强化责任落实，推进实施跨行业、跨领域改革，形成全链条集成服务；开展"双告知"、加强"先照后证"改革后协同监管，在哈尔滨市松北区学习上海试点中的 93 项行政许可等事项的成熟做法，破解"办照容易办证难""准入不准营"等突出问题。

3. 放宽市场准入限制

继续压缩负面清单内容，在更大范围、更宽领域放宽市场主体的准入限制，为东北各类主体发展提供空间，让这些领域和行业引入更加充分的市场竞争，不断提升运行效率。辽宁办理企业登记、税控设备等 7 个高频政务事项，实现"全程不见面"，持续提升全程电子化登记水平。连续 3 年组织专门力量进行调研、攻关，针对存在的矛盾和问题，持续对全程电子化登记平台进行升级改造，不断提升系统稳定性和网上申报效率。针对"起名难、效率低、不自主"的问题，实行企业名称网上自行申报、窗口自主提交、后台自动核准。为更大激发市场活力，增强发展内生动力，黑龙江围绕工程建设、医疗等领域，取消事前许可审批和专家现场评审，集中清理在市场准入方面等设置的不合理条件，极大压缩企业办事时限。通过持续压缩负面清单内容，拓展开放的广度和深度，体现东北全面深化改革和持续扩大开放的理念，更为促进东北经济高质量发展奠定良好基础，市场主体活力持续激发。

（三）金融支持力度进一步加大

推进东北三省金融机构不断创新工作方式，搭建金融服务桥梁，积极推广扶持企业各项业务，帮助企业解决资金难题。积极推动东北各级政府与进出口银行、中国银行等金融机构总部签署战略合作协议，发挥各机构综合金融服务优势，运用贷款、发债、证券等综合业务，创新金融产品与服务模式，持续加大对东北经济发展的倾斜和支持。鼓励银行加大信贷投放，督促工、农、中、建、交等主要银行机构开展金融产品和模式创新，加大对工业及装备制造业企业的信贷支持。推动政银企更加紧密合作，引导金融机构更好地服务地方经济发展。截至 2021 年 5 月，辽宁银行机构已对 7688 笔普惠小微企业贷款实施延期还本 134.5 亿元，对 931 笔普惠小微企业贷款实施延期付息 9382 万元。2020 年，吉林省出台 40 条措施为中小微企业金融服务精准助力，着力增加中小微企业信贷投放、完善信贷配套支持政策、拓宽融资渠道、提升金融服务质效。2021 年，黑龙江省新发放"百大项目"贷款 256.23 亿元，建立"银行＋担保＋再担保"机制，供应链金融同比增长 23%，切实解决科技企业资金问题。辽宁建立上市后备企业库，深入一线"点对点"指导企业上市工作，帮助企业解决上市过程中的困难和问题。2020 年，辽宁省共向 30 户符合条件的企业发放补助资金 1.08 亿元，激发优质企业上市的意愿。黑龙江共为 10 家企业兑现补助资金 5200 万元。

三　当前东北民营经济发展存在的问题

近年来，受外部环境变化和企业自身转型升级瓶颈等影响，东北民营经济发展面临着许多新问题和新挑战。

（一）综合实力不强

从全国范围看，民营经济越发达，对区域经济的拉动效应也愈发凸显。全国民营企业 500 强榜单不仅是企业综合实力的排名，也更折射区域经济差异化的现状。2021 年中国民营企业 500 强榜单反映了东北民营经济整体实力与民营经济大省差距较大，东北三省地方经济发展水平仍然滞后。排名显示，中国民营企业 500 强东北三省总计入围 7 家，其中，辽宁和吉林分别入围 3 家，全国排名分别为第 21、第 22，黑龙江入围 1 家，全国排名第 25；浙江、江苏、广东、山东分别入围 107 家、92 家、51 家、50 家。东北三省总量还不及重庆（11 家）、四川（9 家）、山西（8 家）一个省（市）总量，与天津（7 家）一个直辖市总量持平（见图 7-1）。

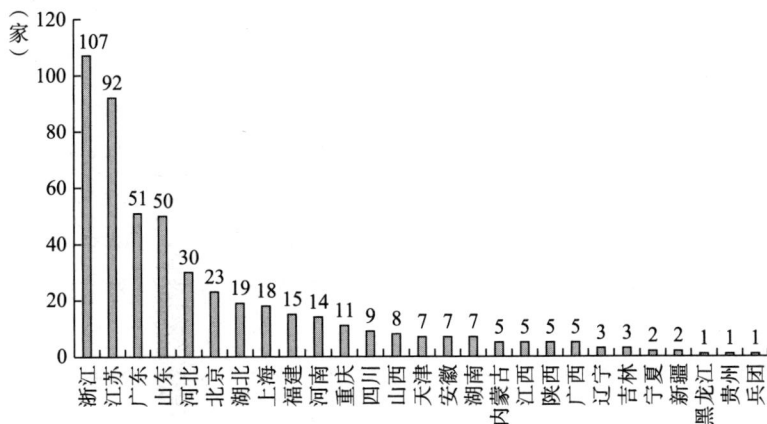

图 7-1　2021 年民营企业 500 强区域分布情况

从数量占比情况来看，2021 年辽宁、吉林、黑龙江入围民营企业 500 强企业分别占比 0.6%、0.6%、0.2%，合计占比 1.4%，浙江、江苏、广东、山东分别占比 21.4%、18.4%、10.2%、10%，东北三省之和与天津、安徽、湖南一个省（市）规模大致持平。从营业收入来看，2021 年辽宁、吉林、黑龙江营业收入分别为 2571.52 亿元、1194.96 亿元、1055.92 亿元，分别占 500 强企业营业收入的 0.67%、0.31%、0.28%，合计占比 1.26%，低于河南（1.97%）、四川（1.82%）、湖南（1.31%）一个省的比重。从资产总额来看，辽宁、吉林、黑龙江分别为 2472.37 亿元、920.35 亿元、764.83 亿元，分别占 500 强企业资产总额的 0.59%、0.22%、0.18%，合计占比 0.99%，低于四川（1.72%）、湖南（1.31%）一个省的比重（见表 7-4）。

表 7 - 4 2021 年各省（区、市）入围民营企业 500 强企业营业
收入和资产总额情况

2021年排名	2020年排名	省（区、市）	入围企业数量（家）	占500强比例（%）	营业收入（亿元）	占500强比例（%）	资产总额（亿元）	占500强比例（%）
1	1	浙江省	107	21.40	78762.85	20.55	72224.85	17.35
2	2	江苏省	92	18.40	60495.98	15.79	38802.41	9.32
3	3	广东省	51	10.20	65128.86	17.00	111555.44	26.79
4	4	山东省	50	10.00	30257.78	7.90	19786.35	4.75
5	5	河北省	30	6.00	21813.51	5.69	16405.87	3.94
6	6	北京市	23	4.60	35980.73	9.39	44145.73	10.60
7	9	湖北省	19	3.80	9175.13	2.39	9058.93	2.18
8	7	上海市	18	3.60	14725.76	3.84	25425.51	6.11
9	8	福建省	15	3.00	8399.82	2.19	10032.74	2.41
10	11	河南省	14	2.80	7545.88	1.97	9415.42	2.26
11	10	重庆市	11	2.20	8330.09	2.17	17729.22	4.26
12	12	四川省	9	1.80	6975.71	1.82	7160.03	1.72
13	17	山西省	8	1.60	3574.49	0.93	3420.50	0.82
14	15	天津市	7	1.40	3517.12	0.92	3117.81	0.75
15	16	安徽省	7	1.40	2500.47	0.65	1969.95	0.47
16	13	湖南省	7	1.40	5033.69	1.31	5450.12	1.31
17	20	内蒙古自治区	5	1.00	3011.19	0.79	3875.45	0.93
18	14	江西省	5	1.00	2428.49	0.63	1896.11	0.46
19	18	陕西省	5	1.00	4460.49	1.16	2397.95	0.58
20	21	广西壮族自治区	4	0.80	1802.54	0.47	1047.56	0.25
21	19	辽宁省	3	0.60	2571.52	0.67	2472.37	0.59
22	22	吉林省	3	0.60	1194.96	0.31	920.35	0.22
23	23	宁夏回族自治区	2	0.40	1006.94	0.26	2611.58	0.63
24	24	新疆维吾尔自治区	2	0.40	2789.19	0.73	4297.45	1.03
25	26	黑龙江省	1	0.20	1055.92	0.28	764.83	0.18
26	25	贵州省	1	0.20	390.29	0.10	214.38	0.05
27	27	新疆生产建设兵团	1	0.20	288.72	0.08	202.45	0.05

从近年发展态势来看，从 2017 年到 2021 年，辽宁入围全国 500 强民营企业数量分别为 6、11、8、4、3 家，呈下降态势；吉林分别为 2、2、2、3、3 家，略有增长，黑龙江保持 1 家不变（见表 7-5）。

表 7-5　2017~2021 年中国民营企业 500 强地区分布

单位：家

省（区、市）	企业数量				
	2021 年	2020 年	2019 年	2018 年	2017 年
浙江省	107	96	96	92	93
江苏省	92	92	90	83	86
广东省	51	61	58	60	60
山东省	50	53	52	61	73
河北省	30	33	32	33	24
北京市	23	22	14	17	15
湖北省	19	16	19	18	15
上海市	18	21	16	15	18
福建省	15	17	21	22	20
河南省	14	12	15	13	15
重庆市	11	13	12	15	14
四川省	9	8	12	11	8
山西省	8	5	7	7	5
天津市	7	6	9	6	7
安徽省	7	5	4	2	4
湖南省	7	7	6	7	7
内蒙古自治区	5	4	4	4	7
江西省	5	6	7	6	6
陕西省	5	5	5	5	5
广西壮族自治区	4	3	2	2	2
辽宁省	3	4	8	11	6
吉林省	3	3	2	2	2
宁夏回族自治区	2	2	1	2	3
新疆维吾尔自治区	2	2	2	2	2

续表

省（区、市）	企业数量				
	2021 年	2020 年	2019 年	2018 年	2017 年
黑龙江省	1	1	1	1	1
贵州省	1	1	2	1	-
新疆生产建设兵团	1	1	1	1	1

从东北地区与东部地区、中部地区、西部地区比较来看，2021 年东部地区有 393 家入围，占比 78.6%；中部地区有 60 家企业入围，占比 12%；西部地区有 40 家企业入围，占比 8%；东北地区只有 7 家入围，占比 1.4%。东北地区民营经济发展与东部地区、中部地区、西部地区都有较大差距（见表 7-6）。

表 7-6　2019~2021 年中国民营经济 500 强区域分布

单位：家，亿元

地区	入围企业数量			营业收入			资产总额		
	2021 年	2020 年	2019 年	2021 年	2020 年	2019 年	2021 年末	2020 年末	2019 年末
东部	393	401	388	319082	296301	246719	341496	435703	290736
	78.6	80.2	71.6	83.26	8438	81.77	82.01	85.89	78.66
中部	60	51	58	30258	23651	22594	31211	26964	23899
	12	10.2	11.6	7.9	6.7	7.5	7.5	5.3	6.5
西部	40	40	43	29055	26603	24817	39536	40055	40342
	8.0	8.0	8.6	7.6	7.6	8.2	9.5	7.9	10.9
东北	7	8	11	4822	4607	7577	4157	4567	14628
	1.4	1.6	2.2	1.3	1.3	2.5	1.0	0.9	3.9

（二）融资难、融资贵

融资难与融资贵是困扰民营企业发展的老问题。特别是在宏观经济下行、消费增速放缓等因素叠加影响下，对东北三省民营企业而言，资金流动性短缺与信贷需求的矛盾更为尖锐。由于中小企业缺乏稳健的信用状况、靠谱的财务信息及合格的抵押品，经营风险又不可控，很难从银行和资本市场筹集到资金。近年来东北各级政府加大了普惠金融建设力度，但商业银行从防范风险和控制成本角度考虑，对民营企业贷款利率较高，担保费、资产评估服务费、中介费及其他隐性成本使民营企业贷款成本居高不下。

（三）民营经济产业层次较低

"十三五"时期，尽管东北民营企业数量有所增长，但是多集中在以制造、石化为主的传统产业，产业构成稳定，产业层次偏低，专业化分工协作较差，同质化竞争严重，缺乏知名品牌和新兴品牌。辽宁入围民营经济百强的企业60%来自制造业。长春市入围百强民营企业61家，为战略性新兴产业企业的不足20家。黑龙江百强民营企业的前十名仅一家企业属农产品加工领域，现代服务业、战略性新兴产业企业无一入榜。虽然东北三省在农产品加工、汽车零部件、食品加工、新材料、通用航空等领域集群化趋势明显，但集群关联度低。大连瓦轴的精密机床、非标准轴承等还要依靠SKF、JTEKT等国际著名轴承生产企业配套；辽宁法库县的肉牛繁殖、育肥、屠宰、食品加工尚未形成全产业链，除养殖外，育肥、食品加工、物流、销售终端全部外包，产业优势未能得到有效发挥，结构调整、产业升级优化势在必行。

（四）民营企业家素质有待提高

高素质的企业家是民营经济释放动力与活力、实现高质量发展的基本保障。东北民营企业以家族式为主，多以创始人为集权核心，采取家族式治理模式，其好处是目标明确、执行力强，但也导致企业管理水平较低、缺乏战略高度、纠偏机制不强等问题，民营企业发展核心框架不稳定、组织构架不稳定，在发展规划和规模发展上随机性较强，多以企业家意志为主导。特别是民营企业暂时的垄断性资源和传统的关系网导致部分企业家形成天然的路径依赖与惯性思维，内耗分割严重，自主创新不足，相对于南方发达地区，企业难以做大做强。

四　推进东北民营经济发展的总体思路

（一）发展环境

面对百年未有之大变局，"十四五"期间及中长期，东北民营经济发展的内外部环境依然严峻复杂，充满不确定性、不稳定性。全球经济下行压力持续加大，经济增长动力正在减弱。全球产业链、供应链循环受阻、大宗商品价格持续震荡，贸易保护主义等表明全球经济治理体系遭遇挑战，经济复苏脆弱性较为明显，国际经贸规则调整步伐加快。能源危机、"卡脖子"问题时有发生，碳达峰、碳中和的倒逼给东北民营企业带来更大压力。同时，受制于体制机制问题，东北整体市场化程度不高，作为经济的"毛细血管"，民营经济发展始终滞后。百年未有之大变局加速演进下，如何保证经济稳定增长、优化民营经济发展环境、构建"亲""清"新型政商关系仍是东北发展壮大民营经济的重点。因此，推进市场化改革，"放水养鱼"，在深化改革开放的新竞争中实现新发展，才能引领民营企业在高质量发展中塑造新优势。党的二十大再次强调"两个毫不动摇"，各级政府为民营经济发展出台了很多优惠政策，进一步保护民营企业产权和企业家权益，破除各种壁垒藩篱，促进民营经济健康发展。

（二）发展优势

目前，新冠肺炎疫情基本结束，东北各级政府出台的一系列纾困惠企政策，深入推动各类市场主体增强活跃度，带动民营经济持续恢复性发展，民营经济总体保持了较好的发展势头，充分发挥了"压舱石"的作用，助力东北稳住经济基本盘、塑造竞争新优势。

从辽宁看，加快建设以沈阳为中心的现代化都市圈有助于民营经济承接数字化、网络化、智能化改造项目；加快融入共建"一带一路"国家有助于民营经济开拓国外市场新空间；发挥大连"中心港"效应，构建大连、丹东、锦州、营口、盘锦、葫芦岛沿海六市全方位合作对接发展格局，有助于推动民营经济进入更多行业领域；促进辽西融入京津冀都市圈协同发展，有利于进一步加强民营经济与京津冀地区的对接合作，促进资源要素双向流动。

吉林推出的"一主六双"高质量发展战略，以建设长春区域创新中心、长吉图创新隆起带为契机，继续巩固壮大高技术制造业、医药制造业、电子通信制造业、航空航天等主业；开展新型农业、商贸流通业、金融等经营主体培育行动，推动包括通化东宝、长光卫星等重点民营企业承担国家重大科技项目，增强实力；以长春高新区、净月高新区、吉林高新区、延吉高新区、通化医药高新区为重点区域，统筹民营企业力量，聚焦主业，强化吉林民营企业创新平台建设和企业创新集群建设，形成高新区引领吉林全省高质量发展的新格局。

黑龙江积极推动民营企业参与构建新发展格局、促进工业结构升级；发挥石油化工、装备工业、能源、食品加工等龙头企业引领带动作用，重点实施减油增化、稳固油气当量，实现与各类市场主体的优势互补，促进上下游企业联动发展；积极对接国家先进制造业集群发展专项行动，引导民营中小企业聚焦主业、打造优势，推动制造业数字化转型及中小企业数字化赋能，走专精特新发展之路。

当前，东北三省进入了全方位推动高质量发展的关键时期，民营经济和中小企业发展空间更为广阔。东北民营经济要继续立足产业基础优势，不断培育壮大具有产业特色的"专精特新"中小企业，推动产业转型升级，推进区域内民营经济高质量发展。

（三）重点领域

"十四五"时期，东北各级政府要及时推动出台中小企业新的针对性扶持政策，坚持纾困和培优两手抓，把发展着力点放在实体经济上。围绕黑土地保护工程，深化农业供给侧结构性改革，做大做强农产品精深加工，发挥维护国家粮食安全"压舱石"作用。围绕改造升级"老字号"、深度开发"原字号"、培育壮大"新字号"三篇大文章推进民营企业发展，把投资重点放在高新技术产业、数字经济产业、消费品工业等国家和东北重点发展的产业领域，包括新一代信息技术、高端装备制造、新能源新材料、精细化工、高端精细化学品、化工新材料、高端金属新材料、先进无机非金属、冶金新材料、高技术制造业、高端装备制造产业、集成电路、智能家电、纺织工业等。

（四）总体目标

"十四五"时期，东北民营经济发展总体目标：民营经济总量和市场主体规模持续扩大，综合实力和竞争力显著增强，带动区域经济总量在全国排名中提档进位，全面振兴、全方位振兴取得新突破；一批大中型民营企业进入国内行业领先行列，"专精特新""小巨人"企业大量涌现，形成一批高质量产业集群，带动区域产业基础现代化和产业链高级化；推动数字经济和民营实体经济深度融合，数字产业化和产业数字化取得显著成效，带动东北内生动力不断增强；营商环境建设持续推进，民营经济发展活力充分释放，发展质量速度效益更加协调，民营经济高质量发展迈入新阶段。

五　对策建议

（一）完善政策支撑服务体系，优化营商环境

完善基础性制度和服务体系，优化制度供给，支持民营企业持续发展。充分解放思想，牢牢把握"两个毫不动摇"的方针政策，认清加快民营经济发展对于新时代东北振兴的重大意义，补齐制约发展的"思想短板"。以充分发挥市场在资源配置中的作用为前提，以公平竞争为基本理念，通过健全民营企业法律法规体系，支持民营企业持续发展。加强政策传导，破解信息不对称困境。东北要切实加强惠企政策宣传落实，组织企业人员开展政策学习培训，畅通政策获知渠道，搭建政策答疑平台，实现对属地民营企业的"宣传全覆盖""政策全告知"，让重大经济工作的决策部署好明白、易落实，真正更好地服务于企业发展。加强政策研究，精准落细落实中央政策。在中央政策发挥导向作用下，各级地方政府应该进一步细化政策，提高政策配套精准度，让东北民营企业真正从政策执行中增强获得感。以中共中央、国务院出台的《关于营造更好发展环境支持民

营企业改革发展的实施意见》为基础，构建支持民营企业健康持续发展的法律法规体系。完善民营中小企业统计监测制度和发布制度，为民营中小企业发展提供数据支撑。健全民营中小企业信用评价体系，缓解融资难问题。完善指标管理与考核制度，强化政府采购支持中小企业政策机制，将政府采购作为拉动民营中小企业发展的手段之一，可考虑加大政府采购在民营中小企业中的份额，将其作为一项约束性指标，加大政府对民营中小企业的直接支持。

民营企业的发展，关键在于良好的营商环境。以激发市场主体活力、推动生产要素高效公平配置为目标，在落实上下功夫，通过改革解决体制机制问题，使市场在资源配置中起决定性作用，更好地发挥政府的作用。以转变政府职能为核心，以全面提升政务服务质效为目标，优化政务环境和诚信环境，建设服务型政府和数字政府，增强企业和群众办事便利度，提高企业和群众的获得感和满意度。贯彻实施国务院《优化营商环境条例》，在健全营商法规、创新监管方式、规范执法和公正司法等环节充分体现法治精神，切实保障市场主体合法权益，树立法治东北形象。营造与高水平开放相适应的国际化营商环境，优化开放环境，打造东北亚地区合作中心枢纽和对外开放新前沿。

（二）提升产业基础能力及水平，增强创新能力

提升民营企业产业基础能力和产业链水平，有效应对各种风险挑战、推动经济高质量发展，是塑造东北产业竞争新优势的必由之路。积极淘汰落后产能，着力开发新产品，增加技术含量，加快技术改造升级，提升产业基础能力，增强东北民营经济的韧性和活力。建立产业科技支持计划，加大对产业技术创新支持，尤其是基础研究能力的投入，重点支持基础研究。健全政产学研用相结合的产业技术创新体系，加强材料、零部件等多领域创新主体协同研发，促进基础研究成果的应用转化，发挥企业在基础研究和应用研究中的作用。支持中小企业专精特新发展，各级政府应以国家培育和支持"专精特新"中小企业政策为基础，逐渐建立健全"专精特新"中小企业培育、评定、考核机制，选拔培育出一批符合"专精特新"标准的中小企业作为表率。通过在专业领域内进行科技创新，提升企

业核心竞争力，鼓励民营中小企业向"专精特新"方向转型升级。推动龙头企业开放式创新，支持龙头企业建设高层次创新平台，建立重点（工程）实验室、工程技术研究中心等。鼓励龙头企业积极介入国家或国际研发分工，提升创新成果转化能力。支持龙头企业联合科研院所组建产业技术创新联盟，构建创新链，加强关键核心技术、共性技术、核心装备、基础零部件、关键材料以及重大产品的技术攻关，推动产业从低端制造向研发设计、高端制造延伸，提高产业和产品的附加值，提升产业能级和核心竞争力，形成产业发展优势和发展后劲。围绕人工智能、高端装备制造重点领域和行业发展需求，加快建设一批专业水平高、服务能力强、产业支撑力大的省级产业公共服务平台，促进形成大中小企业融通创新产业生态。

构建完整的产业生态系统，提升产业链水平。推动区域内人才、资本、金融等要素向生产效率较高的领域和环节流动，提高要素配置效率。优化产业组织结构，夯实平台企业、领军型企业、"隐形冠军"企业等发展微观基础。基于网络的虚拟产业集群建设和培育，通过产业链、价值链和供应链的互联互接，激发各类企业创新。支持战略性新兴产业重点龙头企业、小巨人领军企业等通过项目开发、兼并重组等方式，加快产业专业化、集群化发展，形成一批综合竞争力强、辐射带动作用突出的龙头企业。对产业链较为完备、产业优势突出的重点骨干企业，推动各类创新资源集聚，培育和发展特色鲜明、配套完备、竞争力强的优势特色产业链。支持创新型企业发展，发挥政府的政策引领作用，出台扶持政策，促进一批技术含量高、创新活力强的战略性新兴产业重点企业发展，在企业融资、产业配套、技术改造投资、人才队伍建设、产品推广应用等方面予以重点扶持，促进企业进一步做大做强做精，成长为战略性新兴产业龙头企业。助力企业研判产业链发展趋势及特点，围绕5G、工业互联网等，确立链长制龙头企业，通过精准对接、靶向招商、政策倾斜、双创基地等建立健全产业链体系，促进东北地区企业开展上下游协作，形成增量新动能。

（三）加速变革产业形态及经济结构，增强高端产业供给能力

变革民营经济产业形态、经济结构，是推动东北振兴发展、高质量发展的必由之路。高质量发展是体现新发展理念的发展，绿色低碳是高质量发展的鲜明特征。加快东北民营经济绿色低碳安全发展。以碳达峰、碳中和为目标，倒逼产业升级，促进"老字号""原字号""新字号"产业加快调整。引导并支持装备制造、钢铁、菱镁等工业企业提前实现超低排放，加快能源结构转型，深入实施重点行业领域减污降碳行动。大力发展新能源产业，重点打造产业链和供应链低碳化标准体系，增强可持续发展能力。积极培育壮大绿色产业，引导民营企业参与城镇老旧小区改造、市政基础设施和公共服务设施维护等工作，加大建筑节能改造，提高建筑绿色化水平，并大力推广绿色建筑。推进规上工业企业智能化技术改造活动。推动装备制造业数字化、网络化、智能化改造，聚焦数字化转型和智能化改造，侧重补平台、补项目、补示范、补诊断、补新产品实现规模化生产能力，发挥东北产业数字化的应用场景优势和数字产业化的数据资源优势，推动工业企业上云，抢抓政策红利期。推动企业开展"设备换芯""生产换线""机器换人""产业链上云"等智能化技术改造，走专精特新发展之路，助力民营企业核心指标及抗风险能力稳步提升。依托大数据和物联网设备，以建设"数字东北"为突破口，通过数字赋能、科技添智，优化产业结构，促进工业振兴。在装备制造产业重点推进数字化、智能化改造，建设智能工厂、智能车间；石化、冶金等产业建设工业互联网、大数据平台，提升企业设备远程运维、工艺水平；人工智能、工业互联网等产业做好场景资源和数据资源开放，培育壮大数字产业集群。推动高端装备制造、集成电路、精细化工、新材料等优势产业转型升级，超前布局第三代半导体、量子科技、储能材料等未来产业，努力增强产业链供应链自主可控能力，不断推动民营企业加速产业化进程。

（四）加快构建"双循环"发展格局，促进民营企业合作

构建"双循环"新发展格局，是与时俱进提升东北经济发展水平的战略抉择，也是东北民营企业塑造国际经济合作和竞争新优势的战略抉择。积极融入国内大循环。进一步优化产业结构，以新基建推动传统产业数字化与智能化转型，形成以高端装备制造为核心、服务型制造为主线、数字化和智能化相结合的先进装备制造业基地。加快研发与需求结构相适应且具有自主知识产权的核心技术及产品。补齐产业链短板，重点布局精密智能化数控、重型和超重型、特种加工机床等产业，打造更加安全可控的高质量国内产业链、供应链体系。大力开拓国际市场。推进东北民营企业与共建"一带一路"国家互联互通，精准对接重点国家和重点项目，加快形成统筹布局、多点推进的国际合作局面。借助产业、技术和区位优势，有效对接中蒙俄经济走廊，借力中韩自由贸易协定，在高端制造业、国际物流、旅游、金融等多个领域扩大与东北亚区域各国的交流与合作。培育外贸竞争新优势，完善顶层制度设计，加强外贸主体培育和平台建设，优化国际市场布局和贸易结构。建设一批高水平境外产业园，逐步形成若干个上下游一体化的境内外企业集群与园区，使之成为产品制造及营销的海外支撑点。加快构建跨境贸易电子商务平台，鼓励商贸物流、电子商务、供应链型外贸企业拓展业务范围。创新外贸发展方式，支持民营企业运用跨境电商拓展共建"一带一路"国家市场，助力民营企业参与"一带一路"建设。

（五）深化金融供给侧结构性改革，助力民营企业做大做强

针对民营企业融资难、融资贵问题，进一步提升金融服务质量和水平。创新金融产品与工具，推动政策性金融机构与商业性金融机构加强合作，发挥各自优势和业务特点，推广金融支持企业"走出去"的经验做法。推动国有大型银行加快向地方中小银行赋能，推广普及金融产品创新的经验做法，鼓励地方法人金融机构借鉴国有大行经验开发个性化、差异化、定制化金融产品。鼓励金融机构依托互联网、大数据等信息技术，创新金融产品和服务模式，推广适宜中小企业特点的金融新产品、新业务，拓宽抵质押物范围。推广"云税贷""税融通"等产品，为企业提供更多信用类融资产品支持，缓解企业融资中存在的抵质押物不足问题。创新金融服务模式。督促银行机构落实续贷、循环贷、年审制贷款政策，缓解企业还款压力。指导银行机构完善内部配套制度，灵活设置贷款期限，丰富还款结息方式，合理确定贷款风险分类，积极开展展期、无还本续贷等灵活方式，为暂时遇到资金困难、无法正常还款的企业提供续贷服务。降低企业融资成本。鼓励银行机构通过利率优惠、减免担保、评估、顾问费用

等方式，为企业减负。加强对银行机构政策指导，严禁捆绑收费、捆绑销售、账外收费等行为，合理精减金融服务收费项目，规范银行机构收费行为。拓展企业直接融资渠道。建立东北三省上市后备企业库，按照企业不同发展阶段的需求提供有针对性的跟踪指导和定向服务。定期举办"企业上市培训会"、"金融局系统及上市后备企业走进深交所、上交所"培训会、"资本市场直接融资"培训会等各类会议，帮助企业了解上市和债券融资的政策规则。加强与头部券商合作，与国泰君安证券签署合作协议，在设立上市培育基金、开展资本市场培训、盘活存量上市公司壳资源等方面对东北进行重点支持。支持大商所发展，加强期货衍生品市场的宣传推广。围绕市场主体关切，顶格落实国家出台的各项减税降费政策措施，推出纳税减流程、减时间等一系列实打实的"放水养鱼"举措，推动政策红利直达市场主体，帮扶企业渡过难关，激发东北市场主体活力。深入贯彻实施更大规模减税降费政策，落实国家小规模纳税人增值税优惠延期和起征点提高政策，严格执行小微企业普惠性税收减免、降低增值税税率等优惠政策，认真落实延期缴纳税款、稳岗返还等政策，为企业减轻负担，助企业轻装上阵。压缩纳税办理时间。大力推行线上"银税互动"App，运用"互联网＋税务＋金融＋N"服务模式，开辟"银税互动"新渠道，将企业纳税信用贷款转为"网上办"，大幅度压缩纳税办理时间，优化报税流程。

（六）进一步降低企业税费、人工、用能、物流等成本费用

1. 落实相关税收优惠政策

一是落实高新技术企业认定政策。推进科技型中小微企业享受企业所得税减免优惠。积极落实新修订的《高新技术企业认定管理办法》和《高新技术企业认定管理工作指引》，科技型中小微企业经认定为高新技术企业的，享受减按15%的税率征收企业所得税的优惠政策。二是全面落实研发费用加计扣除优惠政策。推进研发人员"五险一金"、新药研制临床试验费、外聘人员劳务费、与研发活动直接相关的其他费用等纳入可加计扣除范围。三是落实创业创新发展相关税收优惠政策。落实好符合条件的

公司股票期权、限制性股票和股权激励的递延纳税政策，对企业和个人技术入股实施选择性税收优惠政策，切实减轻股权激励和技术入股税收负担。落实好科技企业孵化器税收优惠政策，对符合条件的孵化器自用以及无偿或通过出租等方式提供给孵化企业使用的房产、土地，免征房产税和城镇土地使用税。依据国家创业投资税收优惠政策，研究鼓励创业投资企业和天使投资人投资种子期、初创期等科技型企业的税收支持政策，配合国家完善天使投资人个人所得税政策。四是落实好示范区所得税相关优惠政策。落实好有限合伙制创业投资企业、法人合伙人企业所得税优惠政策，技术转让企业所得税优惠政策，企业转增股本个人所得税优惠政策。五是降低企业收费成本，严格执行涉企收费清单，实行动态管理，实现目录外无行政事业性收费。对涉企服务性收费及时向社会公布，接受社会监督。在中德产业园、自主创新示范区等试点园区实行行政事业"零收费"，并对园区内工业项目、生产性服务业投资项目免征城市基础设施配套费。

2. 全面清理规范涉企收费

落实好植物检疫费、社会公用计量标准证书费等 18 项行政事业性收费的免征范围，从小微企业扩大到所有企业和个人。严格落实国家清理规范一批行政事业性收费有关政策的通知要求，确保国家要求取消或停征各项行政事业性收费政策全面落实。全面实施涉企收费目录清单管理，将涉企行政事业性收费、政府性基金、政府定价或指导价经营服务性收费和行政审批前置中介服务收费等项目清单，通过网站常态化公示，确保国家明令取消、停征、免征以及降低收费标准的行政事业性收费项目落实到位。做好与行政职权事项相关的中介服务清理规范工作，依法依规严肃查处变相提高收费标准以及相互串通、操纵中介服务市场价格等违法违规行为。加强涉企收费监督管理，制止乱收费等违规行为，切实降低企业负担。

3. 合理降低企业人工成本

一是降低企业社保缴费比例，采取综合措施补充资金缺口。及时调整企业职工基本养老保险单位缴费比例。配合国家做好实施渐进式延迟退休相关工作，推进养老保险基金委托投资运营，为降低企业社保缴费比例创造条件。二是完善住房公积金制度，规范和阶段性适当降低企业住房公积金缴存比例。支持企业根据自身情况确定具体缴存比例。生产经营困难企业除可降低缴存比例外，还可依法申请缓缴住房公积金，待效益好转后再提高缴存比例或恢复缴存并补缴缓缴的住房公积金。三是完善最低工资调整机制，健全劳动力市场体系。统筹兼顾企业承受能力和保障劳动者最低劳动报酬权益，指导企业与职工建立健全工资协商共决机制，探索出台工资集体协商规定。稳慎调整最低工资标准，把握调整频率和幅度，完善科学评估机制。逐步推进户籍制度改革，实现居住证制度全覆盖，将外来务工人员纳入当地教育、基本医疗卫生等公共服务覆盖范围，降低劳动力自由流动成本，加快形成统一开放、竞争有序的劳动力市场体系。

4. 进一步降低企业用能用地成本

一是落实国家能源领域改革有关部署，推进竞争性领域的市场化运作。按照国家统一部署，加快推进电力、石油、天然气等领域市场化改革。逐步完善可再生能源发展机制，积极对接国家可再生能源发电设施接入电网支持政策，提升可再生能源就地消纳能力和利用比例。积极推进能源互联网建设，基本实现新能源、分布式电源就地消纳接入和并网运行。研究完善阶梯电价和峰谷电价政策。二是加快推进电力体制改革综合试点，合理降低企业用电成本。推进竞争性售电业务放开试点工作，培育售电市场主体，吸引社会资本进入竞争性售电领域，推进全市大用户、售电主体与发电企业直接交易。对未参与直接交易和竞价交易的上网火力发电量，以及重要公用事业和公益性服务等用电，继续实施好煤电价格联动机制，合理调整一般工商业企业用电价格。简化企业用户电力增容、减容、暂停、变更等办理手续，缩短办理时限。三是实施差别化产业用地政策，降低企业用地成本。探索工业用地弹性年期出让、先租后让和租让结合的供应制度。工业用地的使用者可在规定期限内按合同约定分期缴纳土地出让价款，降低工业企业用地成本。依法利用存量房产、土地资源建设文化创意、科技服务、众创空间、研发设计等新产业、新业态的项目，可在5年内继续按照原用途和土地权利类型使用土地，5年期满或涉及转让需办理相关用地手续的，可按照新用途、新权利类型、市场价，以协议方式办理。保障物流业用地供应，科学合理确定物流用地容积率。

5. 降低企业物流成本

一是改善物流业发展环境，大力发展运输新业态。推进现代物流标准化试点，提高物流设施设备、包装及服务标准化水平。推动物流业与制造业等产业联动发展。完善城市物流配送体系，优化资源配置，提高物流效率。试点开展逆向物流，推广使用新能源汽车进行城市配送，推动绿色物流发展。建设完善交通运输物流公共信息服务平台，推进跨部门、跨区域、跨国界、跨运输方式物流相关信息互联共享，促进人员、货源、车源等信息高效匹配，有效降低货车空驶率。引导企业创新多式联运全程运输组织模式，加快推进甩挂运输、多式联运、驮运等运输试点项目，强化对无车承运试点企业运营情况的跟踪，研究适时扩大无车承运试点范围。二是合理确定公路运输收费标准，规范公路收费管理和监督执法。依据国家修订的《收费公路管理条例》，科学合理确定公路收费标准，逐步有序取消政府还贷二级公路收费。坚决查处高速公路车辆救援服务中的各种乱收费行为，规范车辆超限处罚标准，减少各类执法中的自由裁量权，坚决杜绝乱罚款、"以罚代管"等行为。三是规范机场铁路港口收费项目，清理不合理服务收费。全面规范机场、铁路、港口码头经营性收费项目，除法规规定的项目外，禁止指定经营、强制服务、强行收费行为。清理强制对进出港（场）企业收取的不合理费用，以及有关部门依附铁路运输向货主、铁路专用线产权或经营单位、铁路运输企业收取的不合理费用，加强对铁路运输企业收费行为监管，督促企业落实明码标价制度，规范企业收费行为。

（七）加快构建现代企业制度，构建"亲""清"政商关系

建立现代企业制度，完善企业治理机制。民营企业从家族制管理向现代企业制度转变，不仅可有效避免民营企业代际传承的弊端，还有利于构建"亲""清"政商关系，促进民营企业可持续发展。民营企业要敢于自我革命、善于自我突破，通过建立现代企业制度、完善企业治理机制，运用制度的力量而非"人治"的力量，实现持续发展，争做"百年老店"。强化民营企业内部管理，以成熟的管理经验和模式为基础，建立符合自身实际的企业内部管理模式。充分利用现代信息技术手段，推进企业管理创新，不断提高产品质量、生产效率、服务水平和管理能力。利用物联网管理平台，提高产品生产效率和产品质量；推行卓越绩效管理，更好激励约束企业员工行为。运用健全的人才引进机制吸引人才。通过系统培训、聘请专家、与高校合作等途径，大力培育企业家队伍、培养引进科技创新人才、培育引进经营管理人才、建设高技能人才队伍，系统学习管理知识，使管理者素质得以提升。弘扬企业家精神。民营企业家要在爱国、创新、诚信、社会责任和国际视野等方面不断提升自己，争做诚信守法的表率。民营企业家要做创新发展的探索者、组织者、引领者，不断更新观念、解放思想，努力把企业打造成为强大的创新主体。要具有国际视野，在"双循环"新发展格局下，适时调整全球化战略，充分利用国际国内两个市场、两种资源，带动企业在更高水平的对外开放中实现更好发展。构建畅通有效的政企沟通渠道。党政机关和领导干部要坚持把民营企业反映的突出问题作为改进工作的方向，坦荡真诚地同非公有制经济人士主动联系、靠前服务，积极帮助解决实际困难和问题，不吃请、不推诿、不失责，不断创新机制和载体，提高政企沟通的针对性和实效性。非公有制企业和非公有制经济人士要坚定中国特色社会主义理想信念、增进对党和政府的信任、提振企业发展信心、提升社会信誉，同党政机关和领导干部交流沟通时讲真话、建诤言、献良策，履行社会责任，树立良好形象。

第八章　持之以恒完善营商环境

——基于增强政府社会治理能力的着力点

　　"投资不过山海关"是制约新时代东北振兴的重要因素，核心是营商环境的不完善。近年来，东北三省在优化营商环境方面精准施策，连出重拳，着力解决营商环境中的突出问题，取得了显著的成效，"山海关不住，投资在东北"正在形成。从调研来看，企业和群众普遍反映营商环境有了明显的改善，政府部门服务态度好了，办事时间缩短了，办事效率提升了。但相对于南方发达地区以及与市场主体的诉求仍有一定差距，营商环境建设仍存在一些突出问题，市场主体的获得感有待提升。2021 年对东北的一项问卷调查显示，80.4% 的答卷者认为"创建更具竞争力的软环境"是政府各项工作中的当务之急。整体来看，东北营商环境建设尚处在起步阶段，完善营商环境是持之以恒、锲而不舍、步步为营、久久为功的长期事业，决不能有半点松懈。

一　东北营商环境发展现状分析

　　习近平总书记多次来到东北地区，指出优化营商环境的重要性。东北三省省委、省政府高度重视营商环境建设，坚持以习近平新时代中国特色社会主义思想为指导，深入落实习近平总书记"9·28"沈阳讲话中"以优化营商环境为基础，全面深化改革"等重要指示精神，贯彻实施《优化营商环境条例》，东北营商环境建设得到了持续优化，取得了明显成效。

（一）政策法规体系不断完善

　　辽宁省制定、出台并修订了全国第一部优化营商环境地方性法规《辽宁省优化营商环境条例》，其后相继出台《辽宁省企业权益保护条例》《辽宁省知识产权保护办法》《辽宁省规范行政审批中介服务办法》《辽宁省推进"最多跑一次"规定》《辽宁省政务数据资源共享管理办法》《辽宁省人民政府关于诚信政府建设的决定》等政策法规文件。吉林省先后出台了《吉林省优化营商环境条例》《关于推进知识产权强省建设的实施意见》《吉林省社会信用条例》《关于纪检监察机关监督保障优化营商环境的意见》《中共吉林省委吉林省人民政府关于深化"放管服"改革赋予省级以下政府更多自主权的意见》等文件。黑龙江省先后出台了《黑龙江省优化营商环境条例》《黑龙江省进一步优化政务服务便民热线工作实施方案》《黑龙江省强化知识产权保护促进高质量发展的实施意见》等政策法规文件。全方位、多层次的东北营商环境地方性法规体系正在形成。

（二）放管服改革持续深化

辽宁向辽宁自由贸易试验区各片区、沈抚示范区、大连金普新区及大连高新技术产业园区 4 个重点园区管委会及辽宁中部产业转型升级示范区抚顺片区赋予省级行政职权近 500 项。深入推进工程项目审批制度改革，制定印发政府投资房屋建筑类等八大类审批流程图示范文本，全省最短 35 天完成全流程审批。全面加强事中事后监管，按照"宽进、严管、简出"的总要求，推行"双随机、一公开"监管，建设辽宁省"互联网＋监管"系统，以信用监管为基础的新型监管机制基本确立。吉林积极打造掌上能办、网上通办、政务大厅全程可办、线上线下融合的便民利企政务服务模式。聚焦破解企业、群众办事"多次跑、多头跑"难题，创新推行政务大厅（服务中心）"一窗受理、集成服务"改革，打造吉林政务服务"前台综合受理、后台分类办理、统一窗口出件"新模式，各地区、各部门政务服务事项的"一窗受理"比例达到 70％ 以上。① 黑龙江持续提升服务质效，全面深化"放管服"改革，着力推动政务服务标准化、规范化、数字化，强化要素保障，提升金融服务，做实领导包联企业（项目）工作机

---

① 滋养发展沃土 激发经济活力——吉林省营商环境"十年蝶变"，吉林日报，2022 - 10 - 15.

制，畅通服务企业"快速通道"和解决问题"绿色通道"，为市场主体和群众提供优质便捷服务。①

（三）政务服务水平持续提升

辽宁省出台《深入推进审批服务便民化工作方案》和《加快推进全省一体化在线政务服务平台建设实施方案》，以"一张网"建设为抓手，全力提升政务服务效能。建立首问负责、"好差评"、否定备案等制度，提升窗口服务质量。到 2020 年末，全省政务服务数字化水平实现重大突破，省级实际网办率达到 95.6%，各市实际网办率均达到 46.7%。构建了营商环境投诉问题省、市、县（市、区）、乡镇（街道）的四级闭环办理体系，全省范围内建立工作站 9144 家，及时处置企业各类诉求、咨询和建议。吉林省采取"全省统筹、省建市用"模式建设数字政府，统建"吉林祥云"云网一体化基础设施和政务信息化系统应用，906 项热点高频政务服务事项以全程网办方式实现"省内通办"，112 项政务服务事项实现"跨省通办"；工程建设项目审批管理系统综合运行指标持续保持全国第一位；企业开办时间压缩到 1 天，最短只需 20 分钟。根据国家 2022 年 9 月公布的省级政府和重点城市一体化政务服务能力调查评估结果，吉林省网上政务服务能力正式迈入全国第一方阵。② 黑龙江省 200 项高频政务服务事项实现"跨省通办"，政务事项平均跑动次数减少 49.2%，不动产登记办理时间、开办企业环节成本达到全国一流水平；全面推行"减环节、减材料、减时限、减跑动"等措施，16 个营商环境评价二级指标进入全国前列。③

（四）良好的社会氛围正在形成

东北三省持续开展营商环境专项整治，对推进重点工作成效不明显、

---

① 打出优化营商环境"组合拳" 下好推动现代化建设"先手棋"，央广网，https://hlj. cnr.cn/gstjhlj/20230222/t20230222_526160937.shtml，2023 年 2 月 22 日.
② 滋养发展沃土 激发经济活力——吉林省营商环境"十年蝶变"，吉林日报，2022 - 10 - 15.
③ 打出优化营商环境"组合拳" 下好推动现代化建设"先手棋"，央广网，https://hlj. cnr.cn/gstjhlj/20230222/t20230222_526160937.shtml，2023 年 2 月 22 日.

违反《优化营商环境条例》、破坏营商环境的单位和个人，启动问责机制，在主流媒体进行公开曝光。中央、省级各类主流媒体对东北营商环境建设关注度逐年提升。"投资不过山海关"的观念正在逐步扭转，"人人都是营商环境，个个都是开放形象"的理念正在形成，建设市场化法治化国际化营商环境的发展目标逐步成为东北共识。根据对东北三省企业的调研，多数企业认为东北营商环境近年来显著改善，市场主体满意度持续提升。

二　基于问卷调查对东北营商环境的分析

（一）调查问卷基本情况

本次问卷调查基于辽宁的典型样本，自 2018 年以来，课题组每半年对辽宁的企业开展一次问卷调查，调查样本包括国有企业和民营企业，并考虑了大中小规模企业。本次分析是基于 2022 年上半年的问卷调查，面向企业设置了 1 + 5 类 40 个问题，征询企业对当前营商环境总体状况及政务环境、法治环境、信用环境、金融环境和基础设施环境等方面的评价。本次调查收回来自沈阳、大连、鞍山、抚顺、盘锦、葫芦岛等 6 个市的企业有效问卷 65 份，其中，央企和国企（以下简称"国企"）26 份，民营或私营企业（以下简称"民企"）29 份；大、中、小型企业分别有 29、19、17 份，中小企业占 55.4%。需要说明的是，由于对每个问题的回答企业数不同，故选项之和有可能不等于 100%。

（二）企业对营商环境的总体评价

1. 对当前营商环境的总体评价

近年来，辽宁营商环境建设稳步推进，企业满意度稳中有升。2022 年 90.77% 的企业答卷者（以下简称"企业"）认为当前辽宁营商环境总体上是"越来越好"，认为"没有变化"的仅占 3.08%（见图 8 - 1）。2021 年以来的 3 次企业问卷调查中，企业对营商环境总体状况的差评始终为零。

值得注意的是，本次问卷调查中，民企对营商环境总体"越来越好"的评价逊于央企和国企，中小企业的评价略逊于大型企业，特别是民企的评价低于央企和国企 13.39 个百分点，还有 10.34% 的民企（3 户）对营商环境改善"没概念"（见表 8-1）。而民企、中小企业是市场主体中的绝大多数，其对营商环境的优劣感受更为直接、敏感。

表 8-1 2022 年辽宁企业对营商环境的总体评价

单位：%

类别	越来越好	没有变化	越来越差	没概念
全部企业	90.77	3.08	0.00	6.15
央企和国企	96.15	0.00	0.00	3.85
民营企业	82.76	6.90	0.00	10.34
大型企业	93.10	3.45	0.00	3.45
中小企业	88.89	2.78	0.00	8.33

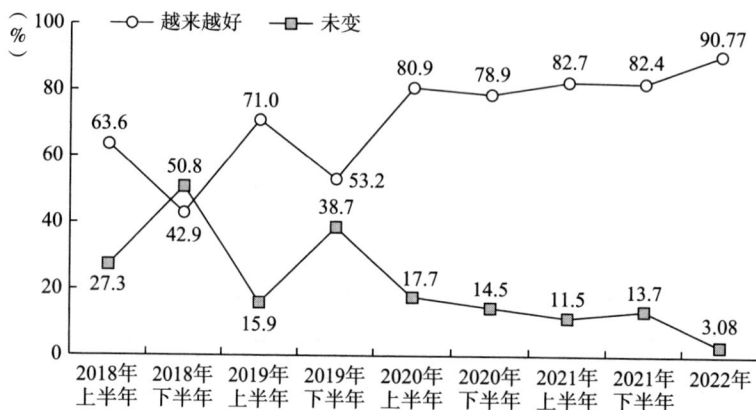

图 8-1 历次问卷调查中企业对辽宁营商环境的总体评价

2. 对当前营商环境主要方面的评价

在营商环境各方面评价中，87.50% 的企业认为政策环境、信用环境、金融环境、人文环境等方面有所改善，65.63% 的企业认为法治环境、开放环境、人才环境、基础设施等方面有所改善。但民企的评价逊于央企和国企，中小企业的评价略逊于大型企业。民企对法治环境、开放环境、人才环境、基础设施等方面的改善认可度不足 60%（见表 8-2）。

表 8 - 2　辽宁企业对营商环境主要方面改善的评价

单位：%

类别	政策	法治	信用	开放	金融	人才	人文	基础设施
全部企业	87.50	65.63	87.50	65.63	87.50	65.63	87.50	65.63
央企和国企	88.46	73.08	88.46	73.08	88.46	73.08	88.46	73.08
民营企业	84.62	58.97	84.62	58.97	84.62	58.97	84.62	58.97
大型企业	86.21	65.52	86.21	65.52	86.21	65.52	86.21	65.52
中小企业	86.11	63.89	86.11	63.89	86.11	63.89	86.11	63.89

3. 优化营商环境还需要进一步改善方面的建议

在回答营商环境有哪些工作还需要进一步改善的问题中，"持续提升投资和建设便利度""优化外商投资和国际人才服务管理""依法保护各类市场主体产权和合法权益"是企业普遍关注的方面。中小企业更关注"进一步破除区域分割和地方保护等不合理限制""更好支持市场主体创新发展""维护公平竞争秩序""优化经常性涉企服务"等选项（见表8-3）。

表 8 - 3　优化营商环境需要进一步改善方面的建议

单位：%

选项	全部企业	央企和国企	民营企业	大型企业	中小企业
A. 进一步破除区域分割和地方保护等不合理限制	38.71	38.46	34.48	34.48	38.89
B. 健全更加开放透明、规范高效的市场主体准入和退出机制	38.71	38.46	41.38	41.38	33.33
C. 持续提升投资和建设便利度	58.06	61.54	55.17	62.07	50.00
D. 更好支持市场主体创新发展	38.71	38.46	34.48	34.48	38.89
E. 持续提升跨境贸易便利化水平	38.71	38.46	41.38	41.38	33.33
F. 优化外商投资和国际人才服务管理	58.06	61.54	55.17	62.07	50.00
G. 维护公平竞争秩序	38.71	38.46	34.48	34.48	38.89
H. 进一步加强监管能力	38.71	38.46	41.38	41.38	33.33
I. 依法保护各类市场主体产权和合法权益	58.06	61.54	55.17	62.07	50.00
J. 优化经常性涉企服务	38.71	38.46	34.48	34.48	38.89

（三）企业对政务服务环境的评价

1. 对政务服务的评价

辽宁政务办理方式实现程度稳步提高。90.48%的企业认为已经实现了"一网办"，80.95%的企业认为实现了"马上办"，69.84%的企业认为实现了"一次办"。与前次调查（2021年11月）结果相比，辽宁"一网办""一次办"的占比分别提高了10.5个和17.8个百分点，但"马上办"占比下降了1个百分点。民企和大、中小企业办事方式的实现程度感受好于央企和国企。但是，实现"一次办"的民营企业认可度相对较高。调研中，有企业反映，"一次办"还存在"线下多次申报后才上线办理"的现象（见表8-4）。

表8-4 辽宁企业对政务服务办理方式实现程度的评价

单位：%

类别	一网办	马上办	一次办
全部企业	90.48	80.95	69.84
央企和国企	80.77	76.92	65.38
民营企业	93.10	82.76	72.41
大型企业	86.21	82.76	65.52
中小企业	88.89	75.00	69.44

政务服务满意度较高，但还有待进一步提升。70.77%的企业对网上办事便利度和行政审批工作效率表示满意，75.38%的企业对政务服务大厅服务表示满意。表示"基本满意"的企业占比还比较高，超过24%，还有1户民营中小企业对政务服务网上办事便利度"不满意"（见表8-5）。有企业反映网上办事常遇到"网慢""按键无反应"等"操作性"问题，也存在"硬件设备很挑剔、系统不稳定、单项操作时限过短、系统操作异常客服解决难"等技术性问题。

表 8 - 5　辽宁企业对政务服务满意度的评价

单位：%

类别	网上办事便利度			政务服务大厅服务			行政审批工作效率		
	满意	基本满意	不满意	满意	基本满意	不满意	满意	基本满意	不满意
全部企业	70.77	27.69	1.54	75.38	24.62	0.00	70.77	29.23	0.00
央企和国企	61.54	38.46	0.00	65.38	34.62	0.00	57.69	42.31	0.00
民营企业	75.86	20.69	3.45	79.31	20.69	0.00	79.31	20.69	0.00
大型企业	72.41	27.59	0.00	72.41	27.59	0.00	72.41	27.59	0.00
中小企业	69.44	27.78	2.78	77.78	22.22	0.00	69.44	30.56	0.00

2. 政务服务改善方面的评价和建议

在评价政务服务改善方面，95.16% 的企业认为"办事流程简化、透明"方面有改善，比例最高，其后依次是"行政审批事项减少""政府服务热情、专业水平提高""一件事好多部门都插手管的情况减少了""频繁骚扰企业，吃拿卡要、'三乱'的情况少了"。央企和国企对"频繁骚扰企业，吃拿卡要、'三乱'的情况少了"的评价较低，但对"办事流程简化、透明"的评价相对较高。民企对"行政审批事项减少""办事流程简化、透明"评价较高。中小企业对政务服务改善方面的评价都低于全部企业的评价（见表 8 - 6）。

表 8 - 6　辽宁企业对政务服务改善方面的评价

单位：%

选项	全部企业	央企和国企	民营企业	大型企业	中小企业
A. 行政审批事项减少	85.48	80.77	79.31	89.66	75.00
B. 办事流程简化、透明	95.16	88.46	89.66	93.10	88.89
C. 政府服务热情、专业水平提高	79.03	73.08	68.97	79.31	72.22
D. 一件事好多部门都插手管的情况减少了	64.52	61.54	68.97	72.41	52.78
E. 频繁骚扰企业，吃拿卡要、"三乱"的情况少了	61.29	73.08	48.28	65.52	52.78

3. 政务服务改善方面存在的问题和建议

在回答"政务服务改善存在哪些问题"时,只有少数企业提出了问题,认为"不必要的审批环节"列首位,其后是"政府部门各自为政,多头管理,多重标准""一些已经取消的行政审批事项,上放下不放,明放暗不放"。但是,在回答"提高政务服务水平需要加强哪些方面"问题时,大多数企业提出了建议,其中提出"推进政务服务事项网上办理、全网通办"建议的企业数占比最高,其后是"推进事项联办""及时公开、宣传相关政策"。民营企业对"推进事项联办"更为关注,中小企业则将"推进政务服务事项网上办理、全网通办""推进事项联办"并列首位(见表8-7)。

表8-7 辽宁企业对提高政务服务水平需要加强哪些方面的建议

单位:%

选项	全部企业	央企和国企	民营企业	大型企业	中小企业
A. 推进政务服务事项网上办理、全网通办	71.67	73.08	65.52	75.86	58.33
B. 推进事项联办	58.33	42.31	62.07	48.28	58.33
C. 及时公开、宣传相关政策	51.67	46.15	44.83	44.83	50.00
D. 规范中介服务事项	18.33	15.38	13.79	13.79	19.44
E. 规范行政审批机构的服务	25.00	19.23	27.59	24.14	22.22
F. 推广告知承诺制	21.67	15.38	17.24	24.14	16.67
G. 规范容缺受理事项	36.67	50.00	24.14	48.28	22.22
H. 提高办事人员的专业素质和服务水平	0.00	0.00	0.00	0.00	0.00

同时,在回答"当地政府信息公开是否到位"的问题时,53.1%的企业认为"非常全面",37.5%的企业认为"比较全面",9.4%的企业认为"一般"。央企和国企与大型企业对信息公开是否到位的评价不及民企和中小企业,反映其有较强的政务信息需求。

4. 企业对政府政策及落实情况的评价

在回答"政府政策透明度和稳定性如何"的选项时,80.9%的企业认为"很好"，19.1% 的企业认为"一般"。国企和大型企业认为"很好"的占比分别为 76.0% 和 78.6% ，民企和中小企业占比分别为 78.6% 和 82.7% 。

在回答"企业通过何种途径获知各级政府涉企政策和企业关注的政务信息"的问题时，95.3% 的企业是从"政府门户网站、手机客户端、微博微信等线上渠道"获取的，民企这一比例较低。54.69% 的企业选择"政府主动推送、免申即享"选项，民企和中小企业这一比例较高。还有 32.81% 的企业是"主动向政府有关部门咨询"获取的，央企和国企与大型企业这一选项比例较高。选择"政策出台前的征求意见"的企业占比不足 50% ，民企和中小企业对这一选项的比例较低（见表 8 - 8）。可见，进一步做好线上政策和信息宣介，是政策和信息落实的重要环节，政府主动推送政策和信息更是需要加强的工作，而进一步提升民企和中小企业获知政务信息的能力至关重要。

表 8 - 8　辽宁企业获知各级政府涉企政策和政务信息的途径

单位：%

选项	全部企业	央企和国企	民营企业	大型企业	中小企业
A. 政府门户网站、手机客户端、微博微信等线上渠道	95.31	96.15	89.66	96.55	91.67
B. 政府部门组织的发布会、吹风会等线下渠道	56.25	61.54	44.83	55.17	55.56
C. 政府主动推送、免申即享	54.69	42.31	62.07	51.72	55.56
D. 政策出台前的征求意见	48.44	50.00	41.38	55.17	41.67
E. 口传风闻后向有关部门求证	18.75	19.23	13.79	24.14	13.89
F. 企业主动向政府有关部门咨询	32.81	34.62	24.14	41.38	25.00
G. 其他	1.56	0.00	3.45	3.45	0.00

在回答"各级政府涉企政策文件落实、宣传解读是否到位、及时"的问题时，60.9% 的企业认为"到位、及时"，28.1% 的企业认为"大部分到位、及时"，9.4% 的企业认为"基本可以"。央企和国企与大型企业的评价略逊于民企和中小企业，50.0% 的国企和 55.2% 的大型企业认为

"到位、及时",民企和中小企业则分别达到 75.0% 和 65.7%。

在回答"实际享受到哪些政府助企纾困政策"的问题时,"财税减免""降费""稳岗扩岗"政策落实情况列前三位。民企对"创业扶持""金融扶持""稳岗扩岗""财税减免"政策的获得感较强,中小企业对"财税减免""降费""金融扶持""稳岗扩岗"政策的获得感较强(见表8-9)。

表 8-9 辽宁企业实际享受到的政府助企纾困政策

单位:%

选项	全部企业	央企和国企	民营企业	大型企业	中小企业
A. 财税减免	82.81	84.62	82.76	82.76	80.56
B. 降费	57.81	57.69	51.72	55.17	58.33
C. 创业扶持	21.88	11.54	31.03	20.69	22.22
D. 金融扶持	25.00	23.08	31.03	17.24	30.56
E. 清理拖欠账款	4.69	3.85	6.90	3.45	5.56
F. 稳岗扩岗	40.63	15.38	55.17	31.03	47.22
G. 外资外贸	7.81	0.00	13.79	10.34	5.56
H. 产业发展	0.00	0.00	0.00	0.00	0.00
I. 科技创新	0.00	0.00	0.00	0.00	0.00
J. 其他政策	0.00	0.00	0.00	0.00	0.00

在回答"企业为什么没有申请上述政策"的问题时,有 8 家企业(其中 5 家中小企业)是因为"不了解政策",4 家企业(其中 3 家中小企业)是因为"对企业帮助不大",还有 14 家企业是"其他"原因。可见,各级政府加强政策宣介、增强政策的精准性是政策发挥效能的重要因素。

(四)企业对法治环境的评价

1. 对本地依法规范公正执法情况的满意度评价

73.0% 的企业对本地依法规范公正执法情况"满意",25.4% 的企业"基本满意"。中小企业的满意度相对较低,"满意"的占 67.6%,"基本满意"的占 32.4%。

2. 法治环境进一步改善主要体现的几个方面

在调查中，80.0% 的企业认为"执法部门按章办事，弹性执法、选择性执法有所减少"，75.0% 的企业认为"商业法规明确透明"，66.7% 的企业认为"司法公正且执行效率高"。比较而言，民企和中小企业对"对各类企业（市场主体）一视同仁，待遇平等，公平公正""商业法规明确透明""执法部门按章办事，弹性执法、选择性执法有所减少"的改善认可度较高，而对法治环境其他方面的改善认可程度相对较低（见表 8 - 10）。

表 8 - 10　法治环境有改善的方面

单位：%

选项	全部企业	央企和国企	民营企业	大型企业	中小企业
A. 商业法规明确透明	75.00	76.92	58.62	35.00	66.67
B. 执法部门按章办事，弹性执法、选择性执法有所减少	80.00	84.62	65.52	40.00	66.67
C. 司法公正且执行效率高	66.67	76.92	44.83	33.33	55.56
D. 产权保护力度加强	53.33	53.85	41.38	25.00	47.22
E. 对各类企业（市场主体）一视同仁，待遇平等，公平公正	58.33	46.15	62.07	23.33	58.33
F. 其他	0.00	0.00	0.00	0.00	0.00
G. 没有改善	1.67	0.00	3.45	1.67	0.00

3. 监管执法中存在的问题和整治重点

对"监管执法是否存在下列问题"的题项，只有少数企业回答，涉及"明明可以办的事久拖不决，企业被迫公关""执法人员懒政，不作为""企业反映问题或投诉时找不到受理部门或部门推诿扯皮""执法自由裁量权过大，存在选择性执法现象"等问题。在回答"应该重点整治哪些问题"时，问卷所提选项均有企业回应，其中"多头监管""以罚代管""恣意裁量"列前三（见表 8 - 11）。

表 8 - 11 应该重点整治的问题

单位：%

选项	全部企业	央企和国企	民营企业	大型企业	中小企业
A. 多头监管	56.60	53.85	37.93	55.17	38.89
B. 恣意裁量	16.98	11.54	17.24	20.69	8.33
C. 以罚代管	33.96	26.92	27.59	34.48	22.22
D. 一事多罚	13.21	7.69	10.34	13.79	8.33
E. 放任不管	15.09	7.69	13.79	27.59	0.00
F. 纵容违法	11.32	7.69	10.34	17.24	2.78
G. 以管谋私	15.09	7.69	17.24	17.24	8.33

（五）企业对信用环境的评价

1. 对社会、市场信用环境满意度的评价

问卷调查结果表明，企业对社会信用环境基本满意，但提升空间还很大。65.1%的企业表示"满意"，34.9%的企业"基本满意"。国企和中小企业的满意度略低，分别有 57.7% 和 61.8% 表示"满意"，42.3% 和 38.2% 表示"基本满意"。同时，企业对市场信用环境也基本满意，66.7% 的企业表示"满意"，33.3% 的企业"基本满意"。

2. 对政府信用环境满意度的评价

问卷调查结果表明，企业对政府信用环境满意度略高于社会和市场信用环境。73.0% 的企业表示"满意"，27.0% 的企业"基本满意"；国企的满意度略低，分别有 57.7% 和 42.3% 表示"满意"和"基本满意"。同时，69.4% 的企业对信用监管和失信惩戒工作表示"满意"，30.6% 的企业"基本满意"；国企和中小企业的满意度略低，分别有 64.0% 和 67.7% 的企业"满意"，36.0% 和 32.3% 的企业"基本满意"。

在问卷调查中，一些企业反映政府部门还存在一些失信行为。其中，"未兑现或拖延兑现承诺的事项和优惠政策""政策与管理标准规范不连

续、不稳定""项目扶持资金不到位或到位慢"列前三位。在调研中，企业口头反映最多的是政府部门拖欠各种款项，特别是拖欠疫情防控方面的隔离宾馆的资金等失信问题。

央企和国企对信用环境满意度偏低，结合央企和国企在法治环境和金融环境评价中的情况，应该注意改善国企的营商环境，及时了解、解决国企的诉求，为国企更好发挥"顶梁柱"作用提供宽松的营商环境。

（六）企业对金融环境的评价

1. 企业对金融环境的满意度评价

问卷调查结果表明，企业对金融环境评价满意度低于对政务服务环境和信用环境评价满意度。63.5% 的企业对金融环境"满意"，36.5% 的企业"基本满意"。国企的满意度略低，分别有 53.8% 和 42.3% 表示"满意"和"基本满意"。

2. 企业的融资渠道和方式

企业融资主要来自国有大型商业银行和股份制银行，其中民企融资渠道还包括城市商业银行、自行筹资及向亲戚朋友借款，中小企业在问卷中对此回应较少。除银行贷款外，企业融资方式主要是传统的抵质押物贷款方式，民企还采用民间借贷、专利贷（知识产权贷款）等方式（见表 8 - 12）。

表 8 - 12　企业的融资渠道和方式

单位：%

选项	全部企业	央企和国企	民营企业	大型企业	中小企业
企业近年来主要的融资渠道					
A. 国有大型商业银行	75.00	35.00	62.07	75.86	25.00
B. 股份制银行	55.00	21.67	51.72	55.17	8.33
C. 城市商业银行	30.00	8.33	41.38	34.48	5.56
D. 农村金融机构	6.67	0.00	13.79	3.45	5.56
E. 自行筹资及向亲戚朋友借款	15.00	3.33	20.69	3.45	5.56

续表

选项	全部企业	央企和国企	民营企业	大型企业	中小企业
F. 其他企业借款	6.67	1.67	3.45	6.90	0.00
G. 供应链平台融资	5.00	0.00	6.90	3.45	5.56
H. 贷款公司、典当行、网络平台等类金融机构融资	0.00	0.00	0.00	0.00	0.00
除银行贷款外，企业还曾采用的融资方式					
A. 传统的抵质押物贷款	37.78	13.33	31.03	17.78	25.00
B. 专利贷（知识产权贷款）	6.67	0.00	6.90	0.00	8.33
C. 信易贷（信用贷款）	8.89	6.67	0.00	4.44	5.56
D. 民间借贷	6.67	0.00	10.34	2.22	5.56
E. 应收账款贷款	6.67	2.22	6.90	2.22	5.56
F. 政府采购合同融资	0.00	0.00	0.00	0.00	0.00
G. 发行企业债	15.56	8.89	6.90	11.11	5.56

3. 企业融资存在的主要问题和面临的困难

企业在融资中存在的主要问题依次是"融资成本高""融资渠道少""授信额度低""抵质押物要求高"。与国企和大型企业相比，民企和中小企业"融资渠道少"的问题更严重一些。企业认为信贷难、融资难的主要原因是银行对企业财务状况或经营情况和担保条件要求苛刻，民企和中小企业还认为"银行缺乏专门针对中小微企业特点的信贷产品"（见表8-13）。

表8-13　企业融资存在的主要问题和面临的困难

单位：%

选项	全部企业	央企和国企	民营企业	大型企业	中小企业
获得信贷资金过程中存在的主要问题					
A. 授信额度低	35.42	34.62	20.69	24.14	27.78

续表

选项	全部企业	央企和国企	民营企业	大型企业	中小企业
B. 融资成本高	62.50	57.69	41.38	48.28	44.44
C. 融资渠道少	43.75	30.77	31.03	27.59	36.11
D. 抵质押物要求高	27.08	19.23	20.69	20.69	19.44
E. 其他	20.83	7.69	17.24	27.59	5.56
信贷难融资难的主要原因					
A. 银行对企业财务状况或经营情况要求苛刻	43.48	38.46	27.59	24.14	28.26
B. 银行对企业的担保条件苛刻	39.13	26.92	34.48	24.14	23.91
C. 银行对企业的信用等级要求太高	23.91	19.23	17.24	24.14	8.70
D. 银行缺乏专门针对中小微企业特点的信贷产品	21.74	15.38	17.24	6.90	17.39
E. 银行贷款业务流程设置不合理	4.35	0.00	6.90	0.00	4.35
F. 银行信贷规模紧缩	15.22	7.69	13.79	6.90	10.87
G. 银行信贷管理权限过于集中在上级	6.52	3.85	6.90	6.90	2.17

4. 企业对金融扶持优惠政策的评价

当前金融扶持优惠政策让企业受益最多的是"企业用工减负稳岗扩就业"政策，其后依次是"中小企业专项资金支持""其他金融扶持优惠政策""加大小微企业信用贷款投放"等政策（见表8-14）。民企和中小企业是当前金融扶持优惠政策的主要受益者。

表 8-14　企业受益的金融扶持优惠政策

单位：%

选项	全部企业	央企和国企	民营企业	大型企业	中小企业
A. 加大小微企业信用贷款投放	12.50	13.64	12.50	3.85	20.00
B. 中小企业专项资金支持	28.57	31.82	29.17	23.08	33.33
C. 企业用工减负稳岗扩就业	30.36	18.18	29.17	26.92	33.33

续表

选项	全部企业	央企和国企	民营企业	大型企业	中小企业
D. 其他金融扶持优惠政策	23.21	31.82	20.83	34.62	13.33
E. 没有受益	5.36	4.55	8.33	11.54	0.00

5. 企业对改善中小微企业融资环境方面的建议

在"地方政府改善中小微企业融资环境方面的建议"中，依照企业选择占比，企业依次建议政府"出台政策引导银行类金融机构支持中小微企业融资，并加强政策宣传""加快拓宽中小微企业的直接融资渠道""加强地方企业征信体系建设""加强投融资信息互通平台建设""加强与中小微企业之间的沟通联系""支持担保公司、典当行等类金融机构健康规范发展"等。民企对"加强地方企业征信体系建设""加强投融资信息互通平台建设"更为看重。

在"金融机构优化中小微企业融资服务方面的建议"中，依照企业选择占比，企业依次建议金融机构"积极运用金融科技支持风险评估与信贷决策，提高授信审批效率""提高贷款需求响应速度""着力构建中长期银企关系""创新适合中小微企业的融资产品""规范各类不合理收费"等。

民企对"提高贷款需求响应速度""创新适合中小微企业的融资产品"更看重一些，中小企业对"着力构建中长期银企关系""创新适合中小微企业的融资产品"更看重一些（见表8-15）。

表8-15 企业对改善中小微企业融资环境方面的建议

单位：%

选项	全部企业	央企和国企	民营企业	大型企业	中小企业
地方政府在改善中小微企业融资环境方面					
A. 出台政策引导银行类金融机构支持中小微企业融资，并加强政策宣传	70.59	53.85	58.62	48.28	61.11

续表

选项	全部企业	央企和国企	民营企业	大型企业	中小企业
B. 支持担保公司、典当行等类金融机构健康规范发展	15.69	7.69	17.24	13.79	11.11
C. 加快拓宽中小微企业的直接融资渠道	52.94	46.15	41.38	41.38	41.67
D. 加强与中小微企业之间的沟通联系	35.29	19.23	41.38	17.24	36.11
E. 加强地方企业征信体系建设	50.98	42.31	44.83	48.28	33.33
F. 加强投融资信息互通平台建设	45.10	34.62	44.83	34.48	36.11
G. 其他	5.88	3.85	0.00	10.34	0.00
金融机构在优化中小微企业融资服务方面					
A. 提高贷款需求响应速度	61.11	46.15	58.62	48.28	52.78
B. 积极运用金融科技支持风险评估与信贷决策，提高授信审批效率	64.81	50.00	65.52	41.38	63.89
C. 规范各类不合理收费	35.19	23.08	37.93	20.69	36.11
D. 创新适合中小微企业的融资产品	48.15	34.62	55.17	34.48	44.44
E. 着力构建中长期银企关系	51.85	46.15	42.28	41.38	44.44
F. 其他	5.56	0.00	3.45	10.34	0.00

在"进一步优化融资供给措施的建议"中，依照企业选择占比，企业依次建议"进一步降低中小微企业贷款利率""进一步加大对中小微企业贷款投放""进一步降低中小微企业贷款门槛""增加信用贷款规模和占比"等。民企对"降低担保、过桥贷款等费用""进一步推进贷款展期、无还本续贷"等方面有较强的需求（见表 8 – 16）。

表 8 – 16　企业对进一步优化融资供给措施的建议

单位：%

选项	全部企业	央企和国企	民营企业	大型企业	中小企业
A. 进一步加大对中小微企业贷款投放	66.67	53.85	72.41	48.28	66.67
B. 进一步降低中小微企业贷款利率	75.44	57.69	79.31	55.17	75.00

选项	全部企业	央企和国企	民营企业	大型企业	中小企业
C. 进一步降低中小微企业贷款门槛	54.39	38.46	62.07	37.93	55.56
D. 政府通过各种手段为中小微企业增信	29.82	19.23	34.48	27.59	25.00
E. 降低担保、过桥贷款等费用	28.07	11.54	37.93	27.59	22.22
F. 增加信用贷款规模和占比	33.33	23.08	37.93	31.03	27.78
G. 进一步推进贷款展期、无还本续贷	26.32	15.38	31.03	27.59	19.44

（七）企业对基础保障环境的评价

1. 企业对所在行业当地相关产业链供应链完整性的评价

问卷调查结果表明，企业对所在行业的当地相关产业链供应链完整性的评价不高。民企和大型企业评价好于央企和国企、中小企业，中小企业的评价则最差。在回答"当地供应商的数量是否满足需求"问题中，没有出现"供大于求"的现象，75.0%的企业能够"基本满足需求"，14.06%的企业面临"供不应求"，更有10.94%的企业"几乎没有本地供应商"。国企本地供应商较少，中小企业"几乎没有本地供应商"的占比较高（见表8-17）。可见，不断完善产业链供应链应该成为优化基础保障环境的重要内容。

表8-17 企业对所在行业的当地相关产业链供应链的评价

单位：%

选项	全部企业	央企和国企	民营企业	大型企业	中小企业
企业所在行业的当地相关产业链供应链完整性					
A. 完整	32.81	30.77	32.14	37.93	28.57
B. 比较完整	54.69	53.85	57.14	58.62	51.43
C. 不完整	12.50	15.38	10.71	3.45	20.00
当地供应商的数量是否满足需求					
A. 供过于求	0.00	0.00	0.00	0.00	0.00
B. 基本满足需求	75.00	65.38	89.29	75.86	74.29

续表

选项	全部企业	央企和国企	民营企业	大型企业	中小企业
C. 供不应求	14.06	19.23	3.57	20.69	8.57
D. 几乎没有本地供应商	10.94	15.38	7.14	3.45	17.14

2. 企业对本地人才引进服务保障工作满意度评价

问卷调查结果表明，42.9%的企业对本地人才引进服务保障工作"满意"，47.6%的企业"基本满意"，9.5%的企业"不满意"，其中国企和中小企业中有11.5%和11.8%的企业"不满意"。人才引进服务保障工作是引育留用人才的基础性工作，不断完善工作机制和政策，应是优化基础保障环境的着力点。

3. 对企业周边综合环境的满意度评价

企业对周边综合环境的满意度较高，但进一步提升的空间很大。52.6%的企业对周边综合环境"满意"，46.9%的企业"基本满意"。民企和中小企业对周边综合环境的满意度略逊于国企和大型企业，分别有53.6%和51.4%民企和中小企业"基本满意"。

4. 企业对所在城市基础设施供应方面需要改进的建议

企业对所在城市在水、电、气、路、通信等基础设施供应方面需要改进的建议，首要的是"降低企业成本"，随后依次是"提高智能化应用""简化程序环节""改善服务态度"。民企对"降低企业成本""简化程序环节"更关注（见表8-18）。

表8-18　企业对基础设施供应方面需要改进的建议

单位：%

选项	全部企业	央企和国企	民营企业	大型企业	中小企业
A. 简化程序环节	31.75	19.23	37.93	31.03	30.56
B. 降低企业成本	57.14	53.85	58.62	48.28	61.11

选项	全部企业	央企和国企	民营企业	大型企业	中小企业
C. 提高智能化应用	49.21	61.54	44.83	58.62	38.89
D. 改善服务态度	14.29	19.23	13.79	13.79	13.89
E. 其他	1.59	3.85	0.00	3.45	0.00

(八) 企业对优化营商环境的建议

在问卷调查中,许多企业对继续优化营商环境提出了建议,主要集中在如下几个方面。

1. 进一步加强服务型政府建设

一是提高政务服务便利度,加强政府各部门间数据的协同、共享,提升工作效率,增强市场主体获得感。二是支持企业发展,设置帮扶专员,宣讲规章制度和政策措施,提供个性化支持服务,帮助企业申报国家项目与奖项,以企业兴衰作为政务服务效果的考核标准。三是发挥政府媒介作用,加大企业对接、撮合、帮助力度,为企业"搭桥",建立资源库、组织对接会,实现银企对接、上下游配套对接、产学研对接。四是建立常态化政企沟通机制,畅通企业、政府、行业协会及商会的沟通,加强信息共享。五是完善监管机制,一方面减少不必要的市场监管,避免干预企业正常经营;另一方面加强监管执法,引入第三方监督评估机制,加强"双随机、一公开"监管、"互联网+监管"。

2. 进一步深化高效型审批改革

一是优化审批流程,深化"多规合一"改革,推进"联合图审""极简审批",细化审批服务事项标准化规范。二是简化办理环节,简化项目建设办理手续,缩短规划、核准、备案办理周期。制定切实可行的"绿色通道"政策,加大容缺办理力度,审批过程实行"串联改并联"平行推进模式,缩短审批周期。三是推进电子化办理,加强线上线下深度融合办理,加大业务咨询及指引服务,降低企业对中介服务的依赖。

3. 进一步加快数字化治理升级

一是搭建公共服务平台，在政策咨询、信息交流、企业合作、产品推广等方面为企业提供公共服务。二是加快实现"一网通办"，全面推进政务服务事项网上办理、全网通办和事项联办，避免重复申办。三是建立信息整合机制，将分散在不同政府职能部门的信息进行整合，及时公开、全面共享。四是完善政务服务平台，优化、简化操作，方便企业使用，开展相关培训，帮助企业学习适应。

4. 进一步完善政策和政策落实机制

一是确保扶持政策持续性。民营企业最怕的是政策不稳定、不延续。二是政策落实既要严谨也要灵活，不能因为怕承担责任而懒政、怠政。三是建立健全政府支持企业的资金拨付、督导、监督机制，确保资金及时、快速、足额到位。四是政府加大涉企惠企政策解读力度，组织工作人员深入企业、个体工商户宣讲政府相关规章制度和政策措施，为企业提供个性化的政策法律支持服务，使企业和个体工商户对于政策措施了然于胸。

5. 进一步完善产业链创新链

一是提高产业链配套本地占比，政府相关部门和产业园区管理部门组织产业链相关企业进行交流对接，实现区域产业链共同发展。二是加强本地研发合作，政府相关部门和产业园区管理部门组织企业与研发机构进行交流对接，促进区域内产学研共同发展。三是支持龙头企业以揭榜挂帅方式，引领优质高校、科研院所、联盟、企业共同承担产业共性关键技术攻关，形成产学研用协同创新、融通发展的格局。四是加大民营企业和国有企业合作的力度，降低合作门槛，破除国有企业自我保护壁垒。

6. 进一步加强社会信用体系建设

一是进一步加快涉企信用信息公共服务平台的建设，加快实现工商、税务、司法、征信等部门与金融机构的信用信息共享，破解银企信息不对称的难题。二是完善以政府信用作为后盾的小微企业征信机制。针对小微企业轻资产、缺乏有效抵质押措施等问题，建立政府层面的信贷风险补偿专项基金，成立专门为小微企业融资提供担保的政府性担保公司，解决缺担保、缺抵质押物的问题，提高对小微企业贷款担保覆盖率，帮助小微企业融资征信，解决金融机构在支持小微企业时面临的风险分担问题，调动金融机构支持小微企业发展的积极性，降低小微企业融资成本。三是增加不诚信企业的犯错处罚及限制等措施，增加犯错成本，加大失信惩戒力度。

三　当前东北营商环境仍存在的问题

（一）在全国综合排名不高

根据《中国营商环境指数蓝皮书（2021）》，辽宁、吉林、黑龙江三省营商环境指数得分分别为 50.58、38.77、38.82，辽宁与全国平均水平基本持平，排名全国第 15；黑龙江和吉林分别排名第 26、第 24，得分远低于全国平均水平（50.7 分）。

从一级指标来看，公共服务、市场环境、政务服务环境、融资环境、普惠创新指标辽宁分别排名全国第 4、第 18、第 22、第 15、18 位（见图 8-2），公共服务属于辽宁营商环境评价中的优势指标，主要得益于辽宁医疗保障和基础教育处于全国上游水平；市场环境、融资环境、普惠创新以及政务环境处于中下游水平。黑龙江所有一级指标均未进入全国前 10

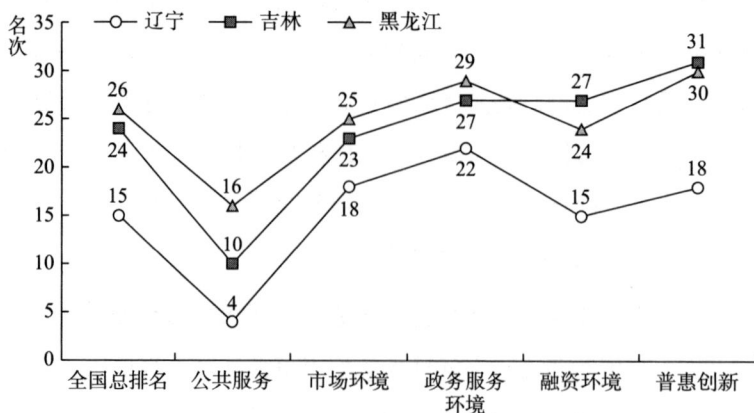

图 8-2　东北三省营商环境一级指标全国排名情况

资料来源：《中国营商环境指数蓝皮书（2021）》，中国经济出版社。

位，公共服务指标是省内最优指标，居全国第 16 位，处于全国中游水平；市场环境、政务服务环境、融资环境、普惠创新 4 项指标均排在全国第 20 位以后，处于全国下游水平，尤其是政务服务环境和普惠创新分别排名第 29、第 30。吉林一级指标中只有公共服务指标进入全国前 10 位，公共服务指标是省内最优指标，处于全国上游水平；市场环境、政务环境、融资环境、普惠创新 4 项指标均排在全国第 20 位以后，处于全国下游水平，普惠创新指标排名全国最后 1 位。

（二）部分窗口服务人员专业素质有待提升

部分企业反映，窗口服务人员专业水平不高，有时不能准确、完整、高效地回答和处理企业的问题。东北在这一点与南方发达地区有较大差距，如上海的窗口服务人员都是高学历、高能力、思维活跃、办事效率高的高素质人才，而东北窗口服务人员的整体素质并不突出，窗口服务岗位基本是不受欢迎的岗位，有的窗口人员甚至还是派遣制的员工，学历相对低，工作不稳定，收入比较低，专业能力不强。

（三）部分公务人员服务意识差，不担当不作为，导致"最后一公里"问题

部分公务人员尚未从管理理念转向服务理念，存在懒政怠政现象，"门好进、脸好看、事不办"现象和观念有滋生态势。有的服务大厅管理不到位，服务人员工作缺乏"精气神"，导致企业、百姓与政府部门打交道时的服务体验差。有的工作人员不担当不作为，对某些事项只简单地说不行，不研究、不告知"怎么办"。部分工作人员吃拿卡要的习惯仍存在，不愿意真正落实省市的简政放权政策，人为地为办事的群众设置一些障碍，导致营商环境"最后一公里"问题。从项目落地上看，尽管有"项目管家"跟踪服务，部分管家"一对一"态度不积极、跟进不及时、服务专业性差、政策把握不到位，企业时有多跑腿情况发生，部门间协调不畅通、互为钳制，难以实现一次彻底地完成业务办理。从涉企服务上看，部分地区政策落实不到位，部分办事人员服务意识差，对待工作不担当、

不作为。部分机关审批管理模式僵化，思想保守、墨守成规，业务受理渠道单一，对待所有行业企业"一刀切"，服务质量偏低。

（四）重商亲商的人文环境尚未真正建立起来，司法公信力有待提升

多数企业家认为，一个地区营商环境的好坏，并不体现在优惠政策有多少，更重要的是重商亲商的环境。一些驻东北商会反映，东北在尊重企业、企业家方面与南方地区有较大差距，在"亲"与"清"方面，东北是"清而不亲"。司法不公是导致企业家对一个地区丧失信心的最重要因素之一，部分企业家——特别是在东北的外埠企业家认为东北仍存在地方保护主义，存在民营企业和外埠企业受到不公平不公正待遇的情况，执法检查过程中存在不规范、随意处罚现象。

四　对策建议

东北营商环境相对较差，要扭转"投资不过山海关"的形象需付出更加艰辛的努力，对已经取得的成绩要持续巩固提升，对仍存在的顽症要痛下决心抓好整改，建立常态化、长效化机制，努力营造国际化、法治化、市场化营商环境。

（一）进一步深化"放管服"改革，动态对标南方发达地区

从企业反映最强烈的审批事项入手，在"减环节、优流程、缩时限"上做出更大努力，最大限度减少盖章个数，缩短审批时间，优化审批流程。通过数字政府建设优化政务服务流程，在证照分离、企业简易注销、工程建设项目审批等小切口、小场景上不断突破，做出优化营商环境的大文章，切实提高人民群众和市场主体获得感。在对标国际标准的同时，更要动态对标广东、江苏、浙江等南方发达地区，实时跟踪、借鉴他们好的经验、做法和最优的标准，一个环节一个环节研究，一个流程一个流程完善，实现量变到质变，打造廉洁高效的政务服务环境，充分调动广大人民群众参与经济建设的积极性、主动性、创造性，增强全社会的创造活力。

（二）把优秀的人才放到窗口第一线

窗口第一线的工作人员需要有两方面的素质，一是服务百姓的情怀，二是专业化的服务能力。接待来办事的百姓或企业人员，有时一个贴心的动作或一句温暖的话语就可以让对方心情愉快，就可以起到优化营商环境的功能，这对于每天做接待工作的窗口服务人员并不容易，更需要有情怀的高素质人才。其次，更高效、干净利落地完成每项工作需要服务人员有更高的专业素质。因此，要树立把优秀人才放到窗口第一线的理念，要从学历、专业、情商、为人处世等多方面来筛选高素质的窗口服务人员，通过制度设计让窗口岗位成为"热门岗位"。东北地区应着力改变窗口服务人员的用人理念、用人体制，提高办事能力、办事效率。

（三）全方位树立服务理念，建立教育、处罚与激励相结合的机制

一是加强世界观、人生观、价值观教育。用习近平新时代中国特色社会主义思想教育人、感染人，不忘初心、牢记使命，破除官本位思想，树立公仆意识，真正从管理理念向服务理念转变，形成"不为不办找理由，只为办好想办法"的意识。二是建立窗口服务人员的考评淘汰机制。对于群众反映多的、服务态度差、专业水平低甚至故意刁难群众的要给予转岗、降级等处罚措施。三是完善激励机制。不能只给压力，要通过激励机制培育服务岗位的荣誉感、自豪感。对工作积极、想干事、能干事的公务人员要通过职位升迁、绩效奖励等给予激励，引导积极向上的工作作风。对窗口服务人员要根据服务态度、服务能力、工作强度给予差异化的绩效工资、奖金，激励工作人员以良好的心态服务群众。

（四）打造诚信政府，带动形成有契约精神、讲规则、公正法治的营商环境

一是建立起"新官要理旧账"的激励或督导机制，把它作为巡视工作、政绩考评的一项重要内容。各级领导干部特别是主要领导干部要有招商引资、招才引智的理念，要有诚信意识，有承诺就要兑现，兑现不了的

就不要承诺,坚决杜绝没有诚信、不讲规则、出尔反尔的现象。政府要有契约精神,对历史形成的政府诚信问题,要一件一件梳理,一件一件解决。二是痛下决心,打造公平正义的法治环境。党委政府要为企业、群众撑起一把坚实的法治"保护伞",公检法部门要主动承担为民营企业保驾护航的责任,做到"有熟人没熟人一个样、外地人本地人一个样、大企业小企业一个样、国有民营一个样、内资外资一个样",对所有市场主体一视同仁,不能因司法不公让企业家寒心。

(五)稳定和激发企业家在东北持续投资兴业的信心和激情,打造东北企业群体新形象

一是给予企业家更多的关心、尊重。对在东北投资兴业做出突出贡献、有社会责任感的企业家要大张旗鼓地宣传表彰,给予他们更多荣誉和社会地位,给予他们更多发出声音、参政议政的机会,激发他们继续为东北做贡献的激情,打造一批对东北有感情、有责任、有担当的企业群体。二是打造既亲又清的政商环境。要坦坦荡荡同企业家打交道、交朋友,更多深入企业,倾听企业声音,关心企业成长,真心真意为企业家解难题、办实事。

第九章 充分发挥区域比较优势

——基于释放区位、产业等优势和潜力的着力点

广阔的东北平原，肥沃的黑土地，孕育了中国东北悠久的历史和灿烂的文化，东北是中华民族和中华文明的重要发祥地之一，在中华民族前进的光辉历程中承担了不可或缺的重要角色。新中国成立初期，东北的资源、区位、产业等比较优势凸显，最早建成全国重化工业基地、创造出众多"全国第一"的辉煌；但改革开放后，老工业基地深层次体制性、结构性矛盾制约了比较优势的发挥。东北振兴进入新时代，当前东北还存在着哪些比较优势，如何充分发挥这些比较优势并把优势切实转化为发展动力，推动全面振兴、全方位振兴取得新突破，这是亟须认真研究的课题。

一 当前研究东北比较优势的重大意义

（一）研究东北比较优势是深入贯彻党中央、国务院关于东北振兴的总体要求，实现经济社会持续健康发展的需要

党中央国务院对东北振兴发展高度重视，2003 年做出实施东北地区等老工业基地振兴的重大战略决策，出台了一系列支持、帮助、推动东北地区振兴发展的政策措施，多次强调东北的比较优势和战略地位。党的十八大以来，习近平总书记对东北高度重视，多次就东北振兴工作召开专题座谈会、做出重要指示批示，为新时代推进东北全面振兴指明了方向、明确了路径，提供了根本遵循。党的二十大开启了全面建成社会主义现代化强国、实现第二个百年奋斗目标，以中国式现代化全面推进中华民族伟大复兴的新征程，描绘了中国未来发展的宏伟蓝图。开展比较优势研究，有

利于东北深入贯彻党的二十大精神，贯彻落实习近平总书记对东北的讲话和指示批示精神，进一步明晰发展潜力，释放发展动力，切实把比较优势转化为发展动力，顺应东北人民实现全面振兴、全方位振兴的期盼，奋力开创营商环境好、创新能力强、区域格局优、生态环境美、开放活力足、幸福指数高的振兴发展新局面，实现党中央国务院赋予东北振兴发展的重大任务，形成对国家重大战略的强有力支撑，把习近平总书记为东北擘画的全面振兴蓝图变为现实。

（二）研究东北比较优势完整准确全面贯彻新发展理念、积极服务和融入新发展格局的需要

当前东北地区仍处于滚石上山、爬坡过坎、攻坚克难的关键阶段，经济社会发展由传统模式加速向新科技革命驱动模式转型，面临更为激烈的全球产业竞争和日渐复杂的智能治理趋势，需要破解更多深层次问题，贯彻新发展理念是解决深层次矛盾、实现高质量发展的必由之路。开展比较优势研究，有利于东北地区增强机遇意识和风险意识，准确识变、科学应变、主动求变，立足新发展阶段、贯彻新发展理念、构建新发展格局，在国内国际双循环中发挥重要战略枢纽作用，在构建新发展格局中实现东北振兴，以东北振兴更好服务和融入新发展格局。

（三）研究东北比较优势是落实维护国家"五大安全"政治责任、着力支撑国家重大战略的需要

习近平总书记指出："东北地区是我国重要的工业和农业基地，维护国家国防安全、粮食安全、生态安全、能源安全、产业安全的战略地位十分重要，关乎国家发展大局"，这是习近平总书记从国家发展大局出发对东北地区做出的战略定位。开展比较优势研究，有利于深入贯彻落实习近平总书记重要指示精神，把维护国家"五大安全"作为重要政治任务，作为推动东北全面振兴、全方位振兴的重大机遇，增强忧患意识、坚持底线思维、强化斗争精神，下好先手棋、打好主动仗，统筹发展和安全，不断提升维护国家"五大安全"的能力。

（四）研究东北比较优势是有效应对外部风险挑战、稳定经济发展的需要

当前国际形势发生深刻变化，世界之变、时代之变、历史之变正以前所未有的方式展开，百年未有之大变局和世纪疫情交织，经济全球化遭遇逆流，俄乌冲突正在改变全球格局，大宗商品价格上涨，世界进入新的动荡变革期，全球经济复苏仍脆弱乏力，全球产业链供应链稳定面临巨大风险。由于外部环境和新冠肺炎疫情的影响，国内一些市场主体生产经营困难，国家已经部署稳经济一揽子措施。研究比较优势、释放比较优势、挖掘比较优势，有利于东北迎难而上，因地制宜挖掘自身发展潜力，帮扶市场主体纾困、稳岗拓岗，着力保市场主体以保就业保民生，保护经济韧性，努力推动经济回归正常轨道，确保运行在合理区间。

（五）研究东北比较优势是进一步提振"东北自信"、重构振兴发展新动能的需要

东北地区超二十年的振兴发展积蓄了较强的势能，具备了迈上高质量发展新台阶的有利条件。刘鹤副总理在辽宁调研时强调，"辽宁区位优势明显，处于经济发展的黄金纬度带，拥有一批关系国民经济命脉和国家安全的战略性产业，资源、科教、人才、基础设施等潜力较大，实现振兴发展具备很多有利条件"。开展比较优势研究，有利于进一步提振"东北自信"，激发正能量，重构振兴发展新动能，充分发挥比较优势，释放良好预期，把信心展示出来，把腰杆挺起来，把微笑露出来，把东北未来发展的场景和发展路径描绘出来，充分展现出东北地区的良好精神面貌。

二 东北三省当前存在的十大比较优势

比较优势是一个相对概念，一段时间内不同区域之间在某项指标上会形成相对优劣势，从而最终形成比较优势或比较劣势。区域优势是多种类型比较优势综合而成，比较优势的衰减是导致区域经济衰退的重要原因之一，东北地区要在全面振兴、全方位振兴中实现新突破，需要进一步巩固提升现有的比较优势，同时重新打造区域发展新优势。

（一）地处东北亚经济圈和环渤海经济圈关键地带，连通欧亚、通关达海的战略区位优势

东北三省地处亚欧大陆东部、东北亚经济圈的核心地带，背靠俄罗斯，东临朝鲜，向西与蒙古接壤，与韩国、日本隔海相望，是中国面向东北亚唯一陆海双重门户，是丝绸之路经济带和21世纪海上丝绸之路的重要交汇点，是"一带一路"向北开放的重要窗口，是中国接入"冰上丝绸之路"新航运体系的最前沿，海陆通达，拥有沿海、沿江、沿边的地缘优势。基于区位优势，东北地区对外进出口贸易存在明显的地缘性，在我国东北亚贸易中占有重要份额，对日本、韩国的进出口在全国所占比重呈上升趋势，且都高于东北三省整体进出口总额在全国所占比重，2021年对俄罗斯进出口总额更是占到全国24%（见表9-1）。

表 9-1 2012年与2021年东北三省对东北亚主要国家进出口情况

类别	指标	2012年	2021年
总体情况	全国进出口总额（亿美元）	38671.2	60501.7
	东北三省进出口总额（亿美元）	1663.8	1735.9
	东北三省进出口总额在全国占比（%）	4.30	2.87
对日进出口	全国对日本进出口总额（万美元）	32945578	37131703
	东北三省对日本进出口总额（万美元）	1897232	2550384
	东北三省对日本进出口总额在全国占比（%）	5.76	6.87
对韩进出口	全国对韩国进出口总额（万美元）	25641529	36224874
	东北三省对韩国进出口总额（万美元）	1039918	1488428
	东北三省对韩国进出口总额在全国占比（%）	4.06	4.11
对俄罗斯进出口	全国对俄罗斯进出口总额（万美元）	8821099	14716024
	东北三省对俄罗斯进出口总额（万美元）	2458595	3526237
	东北三省对俄罗斯进出口总额在全国占比（%）	27.87	23.96

东北地区南邻京津冀地区，与山东半岛隔海相望，能够承接京津冀地区制造业及环渤海经济圈产能转移，且具有较雄厚的工业基础、相对完备

的交通网络等承接产业转移的优势条件。战略区位优势使东北地区在融入和服务新发展格局中有其独特性，能够在全面振兴上展现更大作为。

（二）矿产资源丰富，植被类型多样，处于黄金纬度带的自然资源优势

东北地区矿产资源丰富，根据自然资源部 2021 年矿产资源储量统计，东北三省金刚石、矽线石、火山灰矿石、火山渣矿石等矿物储量占全国100% 份额，菱镁矿、油砂矿石、宝石等占到全国储量 90% 左右，油页岩、硅藻土、晶质石墨占到全国储量 60% 以上（见图 9 - 1）。石油储量黑龙江、吉林、辽宁分别位列全国第 4、7、8 位，辽宁铁矿储量居全国首位，滑石居全国第 2 位，硅灰石吉林储量居全国首位。丰富的矿产资源为重化工业发展奠定了原料优势，在支撑国家能源安全方面发挥着重要的战略作用。

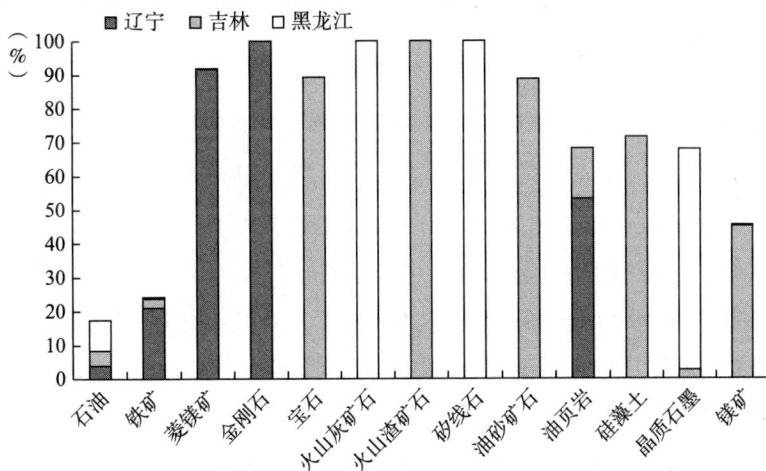

图 9 - 1　2021 年东北三省矿产资源在全国占比情况

资料来源：自然资源部《2021 年全国矿产资源储量统计表》。

东北地区以山地和平原为主，东北平原是我国面积最大的平原，包括辽河平原、松嫩平原和三江平原，大兴安岭、小兴安岭和长白山也是我国最大的天然林区，植被类型多样，物种资源丰富，珍稀、濒危和特有物种较多，共有野生动物 500 多种。东北大部分地区地处温带大陆性季风气候区，属中纬度西风带气候，其光照、降水、风能和冰雪等资源丰富。东北人均耕地、林地、湿地面积均高于全国人均水平（见表9-2）。

表9-2 东北自然资源情况

地区	耕地		林地		湿地	
	总量（千公顷）	人均（公顷/人）	总量（千公顷）	人均（公顷/人）	总量（千公顷）	人均（公顷/万人）
辽宁	5182.1	0.12	6015.7	0.14	286.4	68.35
吉林	7498.5	0.29	8759	0.38	230.3	88.52
黑龙江	17195.4	0.53	21623.2	0.66	3501	1075.58
东北三省	29876	0.30	36397.9	0.36	4017.7	399.89
全国	127861.9	0.091	284125.9	0.26	23469.3	166.44
东北三省所占比重	23.37	—	12.81	—	17.12	—

资料来源：《中国统计年鉴2022》。

（三）工业基础雄厚，应用场景丰富，能够生产大国重器、保障国防安全的特色产业优势

东北是新中国成立以后最早建成的全国重工业基地，曾创造出了1000多个"全国第一"，填补了大量产业空白，树立过很多行业标杆，曾为全国工业体系建设、现代化建设做出了重要的历史性贡献，被誉为"新中国工业摇篮"。虽然近些年东北经济增速下滑，但至今仍是全国重要的装备制造业基地和原材料基地，工业门类齐全、产业基础雄厚，辽宁在国民经济行业的41个工业大类中拥有40个（缺少其他采矿业），207个工业中类中拥有197个。

从具体行业的相对比较优势来看，2020年东北三省行业资产合计占全国10%以上的行业有黑色金属矿采选业，石油和天然气开采业，铁路、船舶、航空航天和其他运输设备制造业，石油、煤炭及其他燃料加工业，汽车制造业，农副食品加工业，采矿业共7个行业，其次医药制造业，通用设备制造业，专用设备制造业等行业也具有一定的特色优势（见表9-3）。

表 9-3 2020 年东北三省相对优势行业资产情况

单位：亿元，%

行业	辽宁省	吉林省	黑龙江省	东北三省	全国	东北三省占比	全国排名
采矿业	4706.53	952.66	5213.67	10872.86	107931.6	10.07	黑龙江排第 6 位，辽宁排第 8 位
石油和天然气开采业	389.67	415.26	3680.61	4485.54	21507.69	20.86	黑龙江排第 1 位
黑色金属矿采选业	3002.49	136.38	45.86	3184.73	11644.98	27.35	辽宁排第 2 位
农副食品加工业	1237.12	759.45	1333.6	3330.17	31461.96	10.58	黑龙江、辽宁分别排第 12、13 位
石油、煤炭及其他燃料加工业总计	4303.26	75.23	962.97	5341.46	37434.26	14.27	辽宁排第 3 位
汽车制造业	3588.29	6540.48	362.66	10491.43	84079.75	12.48	吉林排第 6 位，辽宁第 10 位
铁路、船舶、航空航天和其他运输设备制造业	2820.49	692.18	163.59	3676.26	25699.37	14.30	辽宁排第 2 位，吉林第 13 位
医药制造业	803.49	1476.54	457.62	2737.65	38010.09	7.20	吉林省排第 8 位
通用设备制造业	1974.87	151.59	614.21	2740.67	48383.29	5.66	辽宁排第 6 位
专用设备制造业	1256	177.25	737.09	2170.34	47463.16	4.57	辽宁排第 11 位

资料来源：《中国工业统计年鉴 2021》。

除部分行业具有相对优势外，东北地区还拥有一批关系国民经济命脉和国家安全的战略性行业骨干企业，能够生产百万千瓦核电和超临界火电设备、百万吨级乙烯装置、时速 350 千米高速列车、辽宁舰等大型船舶与海工装备、大型盾构机等一批重大通用装备和军工装备，具备"大国重器"产业根基，正着力打造具有国际影响力的先进装备制造业基地和汽车产业基地、世界级石化和精细化工产业基地、世界级冶金新材料产业基地、世界级农业和农产品深加工产业基地。同时因有丰厚的工业积淀而使数字化应用场景丰富，有利于人工智能、数字经济和未来产业充分孕育发展，具备发展战略性新兴产业的基础和优势。

（四）坐拥珍贵黑土地资源，农产品质量高，能够为国家粮食安全提供重要支撑的农业基础优势

东北地区分布的"黑土带"是我国自然土壤中肥力最高的土壤，是世界三大黑土带之一，东北三省是我国重要的粮食产区和商品粮基地，具有国家粮食"压舱石"的地位。从粮食产量来看，2021 年东北三省粮食产量占到全国 1/5 还多，其中豆类占到了 40% 多，玉米占到了 1/3 多，黑龙江省更是连续 12 年粮食产量居全国第一位（见图 9-2）。

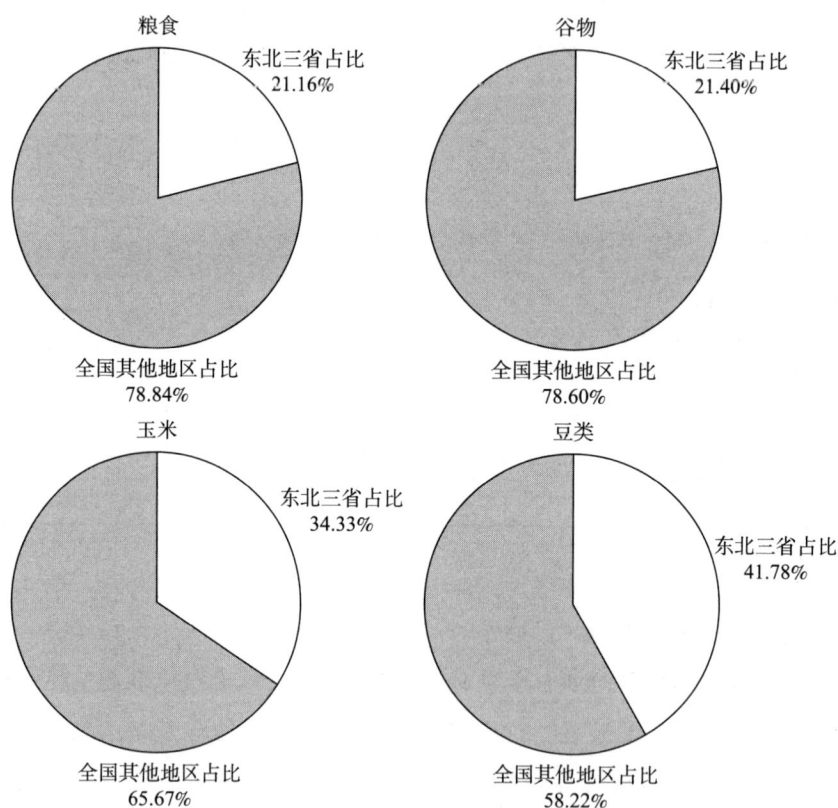

图 9-2　2021 年东北三省主要粮食产量占全国比重

资料来源：《中国统计年鉴 2022》及东北三省 2022 年统计年鉴。

马晓蕾[①]等人采用区位熵和增长熵指数，对 1990～2018 年黑龙江、吉林和辽宁三省的农业及种植业、林业、畜牧业和渔业的比较优势和增长优势进行了研究。结果表明，从比较优势看，黑龙江的农业、种植业、畜牧业和林业，吉林的畜牧业，以及辽宁的渔业和畜牧，在全国具有突出的比较优势；东北三省的玉米、黑龙江的大豆及黑龙江和吉林的牛肉生产具有显著的比较优势。从空间格局来看，东北三省有 75% 的地级市农业具有比较优势，72% 的地级市畜牧业产值增速高于全国平均水平。

丰富的农业资源带动了农业品牌和农产品深加工产业发展，2021 年黑龙江绿色食品认证面积位居全国第一，绿色食品认证数量达 3047 个，辽宁绿色食品生产企业总数 542 家，产品总数达 1026 个。九三粮油、北大荒商贸、北大荒粮食、辽宁禾丰、飞鹤乳业、东方集团、长春皓月等 7 家东北本土企业入选 2021 年全国农业产业化头部企业百强榜单，带动了本土其他企业发展。同时，相较于农业发展，东北农产品加工业发展水平还有待提高。

（五）海洋空间资源丰富，海工装备基础雄厚，发展潜力巨大的海洋经济优势

位于东北地区南部的辽宁毗邻渤海和黄海，是东北最便捷的出海通道和重要对外窗口，承担东北地区 70% 以上的海运货物，资源禀赋优良，初步形成了以海洋渔业、船舶与海工装备制造业、海洋交通运输业、滨海旅游业为主导的海洋产业体系。辽宁大陆海岸线长 2110 公里，位居全国第 5，滨海湿地资源丰富，沿海地区湿地总面积位居全国第 4，120 多万亩的碱蓬形成独具特色的红色海洋。海洋渔业资源丰富，拥有辽东湾、海洋岛两大传统渔场，国家级海洋牧场示范区数量位居全国第二，海水养殖面积位居全国第 1，南极磷虾捕捞技术和海上产品加工技术国内领先，海水养殖产量、远洋渔业产量均位居全国第 4。辽宁是我国重要的海盐产区之一，海盐产量位居全国第 4。海洋科技创新与应用实力不断增强，2019 年，海洋研究机构专利授权数为 285 件，位居全国第三（见表 9－4）。

---

① 马晓蕾，焦士兴等．东北三省粮食主产区农业比较优势与增长优势时空演变研究 [J]．世界地理研究，2022（03）：602－612．

表 9 - 4 2019 年国内沿海地区海洋资源及海洋经济发展情况

地区	大陆海岸线长度（公里）	沿海地区湿地总面积（千公顷）	海洋生产总值（亿元）	海盐产量（万吨）	海水养殖产量（万吨）	海水养殖面积（公顷）	远洋渔业产量（万吨）	国家级海洋牧场示范区（个）	海洋货物周转量（亿吨·千米）	国际标准集装箱吞吐量（万吨）	海船完工量（万载重吨）	海洋研究机构专利授权数（件）
辽宁省	2110	1394.8	3125	96.1	294.7	661817	26.5	38	5027.3	24184	354	285
天津市	153.67	295.6	5268	188.3	0.5	813	0.8	1	1546	19024	40.2	177
河北省	487	941.9	2309	337.6	44.9	104041	5.6	20	599	5003	0	36
上海市	172.31	464.6	9707	—	0	0	18.3	1	29417.1	42314	747.8	183
江苏省	954	2822.8	7828	80.7	91.5	179951	0.9	4	4258.7	5068	1797.5	212
浙江省	2200	1110.1	9200.9	—	127	82019	44.2	12	9713.7	30576	303.2	276
福建省	3752	871	10500	22.5	510.7	163713	51.7	2	7119.6	22986	14.5	74
山东省	3345	1737.5	13187	1441	497.1	561501	41.4	67	1742.3	34578	56.4	668
广东省	4114.3	1753.4	17200	—	329.1	164990	6.8	15	23821.1	67448	241.1	1210
广西壮族自治区	1628.3	754.3	1651	—	142.6	49822	1.8	4	868.2	7822	0	34
海南省	1823	320	1536	4.9	27.1	20510	—	5	1590.5	4988	0	71

注：沿海湿地面积来源于第二次全国湿地资源调查。

资料来源：各沿海省份海洋经济发展"十四五"规划、海洋经济发展报告，《中国海洋经济统计年鉴 2020》《2020 中国渔业统计年鉴》等相关资料。

辽宁是国家船舶与海工装备重要的研制生产基地，生产了我国第一艘万吨轮船、第一艘航母，建设了全国最大的粮食、铁矿、石油装卸平台等。2019 年海船完工量达到 354 万载重吨，2020 年海洋船舶工业实现增加值 91.5 亿元，均位居全国第 3，现有规模以上船舶工业企业 240 余户，以大连船舶重工、大连中远海运重工、大连中远海运川崎、渤海船舶重工等龙头企业为引领，推动相关船舶配套企业发展，正逐步形成海洋装备制造优势产业集群。辽宁海洋交通运输业也具有相对优势，2019 年辽宁海洋货物周转量为 5027.3 亿吨·千米，国际标准集装箱吞吐量为 24184 万吨，均位居全国第 5。2021 年，辽宁海铁联运量全国第二、海铁联运量占港口集装箱吞吐量比重全国第一。同时，全省沿海地区形成各具特色的滨海旅游布局，大连市成为全国 6 个邮轮旅游发展实验区之一。

（六）大学、科研机构众多，研发平台集聚，创新潜能巨大的科教资源优势

东北地区科教资源相对密集，2021 年东北三省有普通、职业高等学校 260 所，约占全国 9.43%，其中，"985" 工程大学，即 "世界一流大学" 中，东北三省有 4 所，占全国 39 所的 10.26%，普通、职业高等教育学校本专科在校生 281.31 万人，其中普通本科在校生 181.24 万人，约占全国在校生 9.57%（见表 9-5）。

表 9-5　2021 年东北三省普通、职业高等学校情况

地区	普通、职业高等学校（所）	本专科在校学生（人）	普通本科在校生（人）
辽宁省	114	1178402	728339
吉林省	66	755552	509652
黑龙江省	80	879107	574384
东北三省	260	2813061	1812375
全国	2756	34961307	18931044
东北三省占全国比重（%）	9.43	8.05	9.57

资料来源：《中国统计年鉴 2022》。

东北地区科研机构众多，仅辽宁就有 1652 家科研机构，中国科学院

下设地方分院 11 家，东北有沈阳分院、长春分院 2 家，分布着大连化学物理研究所、金属研究所、沈阳应用生态研究所、沈阳自动化研究所、长春光学精密机械与物理研究所、长春应用化学研究所、东北地理与农业生态研究所等中科院研究所。除此之外，还有许多中直企业、龙头企业等设立的企业技术中心，形成了雄厚的科学研究力量，具备在一些产业基础能力领域解决"卡脖子"难题的优势。东北三省共有国家级高新区 16 家，占全国高新区总数 9.5%。在 2022 年科技部对全国 169 家国家级高新区的综合评价结果中，长春高新区排名第 27，迈入第一方阵，创造历史最好纪录。在商务部公布的 2022 年 217 家国家级经济技术开发区综合发展水平考核评价结果中，大连经济技术开发区、沈阳经济技术开发区入选国家级经开区综合发展水平 20 强，分列第 15 位和第 16 位，长春汽开区位列第 27 位，三家经开区进入全国第一方阵（前 30 名）。未来东北发展更为重要的是如何将这些丰富的科教资源转化为现实生产力。

（七）高学历人才储备相对富集，产业技术工人底蕴扎实的人才资源优势

从 2021 年每十万人口高等教育在校生人数来看，东北三省都居前列，均高于全国平均水平，吉林位列全国第 3，辽宁、黑龙江分别位列第 7、第 12（见图 9-3）。

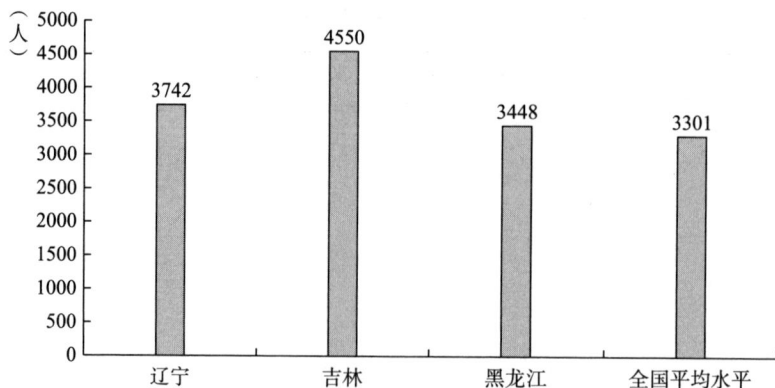

图 9-3　2021 年每十万人口高等教育在校生数

资料来源：《中国统计年鉴 2022》。

从专业技术人才储备来看，2020年东北三省专业技术人才共计602万人，高技能人才246.6万人，"两院"院士120余名，其中辽宁58名，位列全国第8位。① 2021年，辽宁享受政府特殊津贴专家共8377人，位居全国前列。东北三省高度重视技能人才成长，不断推进产业工人队伍建设。2021年东北三省共有中等职业技术学校702所，占全国9.6%，拥有在校生57.5万人。② 黑龙江作为全国产业工人队伍建设改革全面试点的2个省份之一，出台了有史以来力度最大的技能人才政策，全省产业工人达到396万人，技能人才以年均近10万人的速度增长，新建22个国家和省市三级技能人才培训基地、68个技能大师工作室、420个高技能人才（劳模）创新工作室。截至2020年底，辽宁产业技术工人总量达到490万人，占辽宁总人口的10.7%，其中高技能人才达121.5万人。2021年，辽宁共有国家级高技能人才培训基地28家，国家级技能大师工作站43家，省级技能大师工作站158家。③ 吉林建立了"省市县三级职工技能提升培训平台"，建成"劳模和工匠人才创新工作室"584个。④

（八）机场、港口、公路等综合立体交通完善，信息网络完备、能源保障稳定的基础设施优势

目前东北已建立相对完善的综合交通运输网络，吉林、黑龙江铁路、公路、机场等短板加快补齐，现代化综合立体多式联运交通体系正在形成。铁路营运里程一直居于全国前列，2021年，东北三省铁路营运里程达到18441公里，约占全国铁路营运里程的12.24%，高速铁路骨架正在逐步形成，黑龙江高快速铁路建设实现历史性突破，达到995公里，辽宁基本实现市市通高铁。高速公路网络不断完善，吉林高速公路"短板"基本补齐，基本形成"五纵三横两射一环"网络，所有市（州）、92%的县（市）通高速，辽宁所有陆地县（市）通高速，哈长城市群内核心城市和

---

① 辽宁省、吉林省、黑龙江省人力资源和社会保障事业发展"十四五"规划。
② 根据《中国统计年鉴2022》计算整理而得。
③ 数据来源《2021年辽宁省人力资源和社会保障事业发展统计公报》。
④ "五点发力"推动产业工人建功立业［N］.工人日报，2022－03－17.

长吉图开发开放先导区主要市县间实现快速联通。辽宁大连港、营口港获批国家首批多式联运示范工程，全省港口生产性泊位达到 432 个，集装箱班轮航线达到 173 条；吉林航道通航里程达 1621 公里，界河航道支持系统持续完善，开通长春至大连、营口铁海联运线路，通化内陆港与丹东港开展深度合作。航空枢纽能级不断提升，沈阳、大连机场跻身国内繁忙机场行列，黑龙江颁证通用机场达到 88 个，位列全国第一。辽宁成为全国首批交通强国试点省份之一，"四好农村路"、多式联运、平安交通和城市公交等领域试点在全国率先获批。

东北三省信息基础设施、能源基础设施建设取得显著成效。每百人使用计算机台数、电话普及率等指标三省均高于全国平均水平（见表 9-6）。截至 2022 年底，东北三省共建 5G 基站 16.1 万座，辽宁、吉林、黑龙江分别为 7.1 万①、3.4 万②和 5.6 万③座。辽宁全省乡镇 5G 网络覆盖率达 100%，行政村 5G 网络覆盖率 92%。每万人拥有 5G 基站 15.63 个，标识解析二级节点上线运行 32 个，居全国第二位，沈阳"星火·链网"超级节点上线运行。吉林省光纤用户占比达到 94.55%，100Mbps 及以上用户达到 713.88 万户；完成"东北最美高铁"吉图珲高铁公网覆盖项目建设，实现通信信号全线覆盖。④ 黑龙江省实现 5G 网络覆盖全省城镇以上地区，沿边沿线交通要道、景区及边境城市、口岸和农村 4G/5G 网络信号全覆盖，黑龙江省全光电省已经基本建成，哈尔滨国家级互联网骨干点已投入使用。能源基础设施建设稳步推进，中俄东线天然气管道正式投用，辽宁蒙东输煤通道改造升级，徐大堡核电二期开工，红沿河核电 5 号机组投入商运。

---

① 《关于辽宁省 2022 年国民经济和社会发展计划执行情况与 2023 年国民经济和社会发展计划草案的报告》。
② 今年吉林将新建 5G 基站 8000 个，行政村 5G 覆盖率达 60% ［N］. 人民邮电报，2023-02-13.
③ 《关于黑龙江省 2022 年国民经济和社会发展计划执行情况与 2023 年国民经济和社会发展计划草案的报告》。
④ 今年吉林将新建 5G 基站 8000 个，行政村 5G 覆盖率达 60% ［N］. 人民邮电报，2023-02-13.

表 9 - 6　2021 年东北三省交通、信息等基础设施情况

地区	铁路营运里程（公里）	公路通车里程（公里）	高速公路里程（公里）	内河航道里程（公里）	货运量（万吨）	每百人使用计算机台数（台）	电话普及率（包括移动电话）（部/百人）
辽宁省	6734	131588	4348	413	189856.8	40	131.06
吉林省	5152	108691	4315	1456	59017	37	140.72
黑龙江省	7153	168354	4520	5098	62317	42	130.45
东北三省	19039	408633	13183	6967	311190.8	—	—
全国	150739	5280700	169071	127642	5298499	36	129.09
东北三省占全国比重（%）	12.63	7.74	7.80	5.46	5.87	—	—

资料来源：《中国统计年鉴 2022》。

（九）　生态场景一应俱全，"天生丽质"、风光秀美的生态环境优势

东北是世界少有的海洋、河流、湿地、山川、森林、草原、沙漠、冰雪等生态场景一应俱全的地区，自然风光秀美，拥有大小兴安岭、长白山等众多山脉，松花江、嫩江、辽河等诸多水系，丰富的动植物资源，在支撑国家生态安全中承担重要使命。2021 年东北三省森林面积为 3347.16 万公顷，占东北三省国土总面积的 41.5%，约占全国森林面积 15.18%，森林蓄积量 315749 万立方米，约占全国 17.98%，辽宁、吉林、黑龙江三省森林覆盖率分别为 39.24%、41.49%、43.78%，均远高于全国（22.96%）平均水平，拥有国家级自然保护区 92 个，约占全国总数的 19.41%（见表 9 - 7）。

表 9 - 7　2021 年东北三省自然生态环境情况

地区	森林面积（万公顷）	森林覆盖率（%）	森林蓄积量（万立方米）	国家级自然保护区（个）
辽宁	571.83	39.24	29749.18	19
吉林	784.87	41.49	101295.8	24
黑龙江	1990.46	43.78	184704.1	49

续表

地区	森林面积 （万公顷）	森林覆盖率 （%）	森林蓄积量 （万立方米）	国家级自然保护区 （个）
东北三省	3347.16	——	315749	92
全国	22044.62	22.96	1756023	474
东北三省占全国比重	15.18	——	17.98	19.41

资料来源：《中国统计年鉴2022》。

近年来，东北地区坚持走生态优先、绿色发展的高质量发展之路，生态环境指数连续保持良好。2021年，辽宁、吉林、黑龙江三省空气质量优良比例分别为87.9%、94%、94.8%，蓝天白云、绿水青山、林草丰茂成为其鲜明的生态标识。自2017年以来，东北地区共获批创建的国家生态文明建设示范县有24个，获批国家"绿水青山就是金山银山"实践创新基地11个，生态环境持续改善。

（十）历史文化源远流长，名人辈出、人文底蕴深厚的地域文化优势

东北地域文化作为中国文化的一部分，源远流长，特色鲜明。东北地区是汉满农耕文化、蒙古草原游牧文化、北方渔猎文化、朝鲜族丘陵稻作文化、海洋文化等多民族、多元文化交融与共生的地区，各种文明在此碰撞、融合、升华，形成了东北独有的豪迈、包容气质和地域历史文化特色。

东北地区依据自然环境而形成的冰雪文化是东北地区未来经济发展的一个重要增长点。东北地区冰雪文化历史悠久，早在隋唐时期就有滑雪狩猎和雪上交通的记载。近年来，东北各地持续谋划冰雪经济项目，形成了一系列品牌和冰雪旅游胜地，在文旅部公布的首批12家国家级滑雪旅游度假胜地中，东北占4席，占比1/3，第二批公布的7家国家级滑雪旅游度假胜地中，东北占2席。厚重的工业文化与红色历史文化资源也是东北文化产业发展的又一特色优势，东北抗联精神、抗美援朝精神、大庆精神（铁人精神）、北大荒精神、雷锋精神、劳模精神、工匠精神等都是东北宝贵的文化精神资源。除此之外，东北文艺文化也别具一格，东北的非物质

文化遗产以传统音乐和曲艺类等为主，长春是新中国电影的发源地，二人转是东北特色的民间艺术，东北的文学作品、影视作品、文艺作品都有其地域特色，东北文化强大的生命力能够为东北振兴注入蓬勃动力。

综上分析，东北地区是中国重要的对外开放门户，是全国老工业基地、商品粮基地、能源基地、生态屏障和边疆地区，具有完整的工业体系，海洋空间相对丰富、科教资源集聚、产业人才富集、基础设施完善、生态场景多样、文化独特厚重等资源和要素优势，关乎国家粮食安全、能源安全、生态安全、国防安全和产业安全，东北全面振兴全方位振兴既要遵从市场逻辑，也要遵循战略安全逻辑，统筹安全和发展。

三　对策建议

"十四五"期间及中长期，东北地区要巩固传统比较优势，释放现存比较优势，挖掘潜在比较优势，立足要素禀赋优势，构建要素禀赋、技术效率和交易效率所形成的综合比较优势竞争力，注重创新驱动，避免陷入"比较优势陷阱"，切实把发展优势转变为经济社会持续健康发展的动力。

（一）坚持党对东北振兴的领导，切实把习近平总书记对东北振兴的要求落到实处，为发挥比较优势提供政治保证

坚定不移贯彻落实党中央大政方针和决策部署，坚持以习近平新时代中国特色社会主义思想为统领，把习近平总书记重要讲话和指示批示精神作为破解东北振兴发展难题的"金钥匙"，作为引领振兴发展的"指南针"，把习近平总书记关于维护国家"五大安全"、补齐"四个短板"、做好"六项重点工作"、做好结构调整"三篇大文章"、防范化解风险等重要要求落实到具体行动和具体项目上，推动习近平总书记重要讲话精神在东北地区落地生根。各级政府部门要运用科学思想方法和工作方法，抢抓机遇，积极谋划，不断细化实化本地区深入推进振兴发展的重点任务，清单化管理、项目化推进、工程化落实，确保各项政策落地见效。

（二）坚持从国家发展大局出发，坚决落实维护国家"五大安全"政治责任，为发挥比较优势强化战略支撑

提升维护国家"国防安全、粮食安全、生态安全、能源安全、产业安全"能力，是习近平总书记赋予东北的战略使命，是东北必须扛起的政治责任，部署和推进东北振兴发展的各项工作都要紧紧围绕这个目标来展开。要始终牢记"国之大者"，保持战略定力，坚持把维护国家"五大安全"这个政治使命、扩大内需这个战略基点和供给侧结构性改革这条主线有机结合起来，谋划建设富有时代感的高质量项目群，在构建新发展格局中实现东北振兴，以东北振兴更好服务和融入新发展格局，一步一个脚印地把习近平总书记为东北擘画的全面振兴蓝图变为现实。

（三）坚持深化体制机制改革，持之以恒优化营商环境，为发挥比较优势扫清制度障碍

深化基于"提升市场化水平"改革举措，破除制约市场竞争的各类障碍和隐性壁垒，畅通市场主体对隐性壁垒的意见反馈渠道和处理回应机制。进一步推进要素市场化配置，促进各类市场主体平等使用土地、资本、劳动力、技术、数据等生产要素，打破要素分配上隐形的"所有制歧视"和"规模歧视"。深入落实企业的减税降费政策，"放水养鱼"促进市场发育，营造有利于民营企业不断孕育、成长、壮大的沃土。坚持"营商环境建设永远在路上"的理念。积极制定优化营商环境具体措施，想方设法解决企业和群众"急难愁盼"问题，积极开展"局长跑一趟""一把手进大厅、坐窗口"活动，了解办事"痛点""堵点"。深入开展"营商环境就是我们自己"活动，做好"项目管家"、企业"店小二"，"把方便留给群众，把麻烦留给自己"。进一步深化"放管服"改革，通过数字政府建设优化政务流程，在证照分离、企业简易注销、工程建设项目审批等小切口、小场景上不断突破，做出优化营商环境的大文章，切实提高人民群众和市场主体获得感。

（四）坚持做好结构调整"三篇大文章"，推动制造业高质量发展，为发挥比较优势提供发展引领

改造升级"老字号"，用人工智能等新一代信息技术为装备制造等产业赋能增效，提升自主研发、设计、制造及系统集成的智能化水平，促进制造业向智能、绿色、高端、服务方向转型升级，着力打造具有国际影响力的先进装备制造业基地。深度开发"原字号"，加快推进"减油增化"，大力发展化工新材料和精细化工，改变石化产业"炼"有余而"化"不足的状况，推进冶金产业精深加工、菱镁产业转型升级，加快迈向价值链供应链中高端，着力打造世界级石化和精细化工产业基地、世界级冶金新材料产业基地。全力构建新赛道产业体系。围绕培育壮大"新字号"，积极布局和壮大数字经济、工业互联网、新能源汽车、氢能产业、高端装备、智能制造等新赛道产业，掌握未来发展的主动权。依托产业基金等扶持政策，积极引进集成电路大项目投资，做大产业集群，培育新的增长极。

（五）坚持完善科技创新体系，打造具有全国影响力的区域科技创新中心，为发挥比较优势提供强大动力

加快重大科技基础设施建设。积极争取国家级创新平台和重大科学装置在东北落地，吸引全球科技创新资源向东北集聚。对标国家实验室，以优势产业资源为依托，加快打造先进材料、智能制造和精细化工与催化等研究中心，使其成为带动东北地区创新发展的重要策源地。探索在北京、上海等国内外发达城市以及创新资源富集地区建设科创中心，集聚利用异地创新要素，打造"科研飞地"。学习借鉴江苏产业技术研究院发展经验，创新体制机制，构建以服务中小企业和突破产业共性技术问题为主要功能的新型研发组织。加强重大基础前沿和关键领域的前瞻性布局，瞄准先进制造、新材料、催化与清洁能源、重疾诊治等前沿领域，推进开展应用基础研究，催生颠覆性技术，促进关键核心技术自主创新。围绕工业机器人、高档数控机床及关键零部件、集成电路装备、高技术船舶及海洋工程装备、干支线飞机及航空零部件等重点产业谋求突破，积聚力量进行原创性引领性科技攻关，坚决打赢关键核心技术攻坚战。提高科技成果转移转化成效，高标准建设区域枢纽型技术交易市场，打造科技成果转化综合服务平台，进一步提升科研成果转化率。

（六）释放区位优势，坚持以高水平开放推动高质量发展，为发挥比较优势构建外部引擎

释放东北地处东北亚中心、沿边沿海沿江等区位优势，持之以恒推进对外开放制度创新，畅通陆海内外联动的开放通道建设，抢抓加入RCEP带来的新机遇，深化区域对口合作，以更高水平开放引领高质量发展。高水平参与东北亚区域合作，打造对外开放新前沿。加强与俄罗斯远东地区、蒙古国对接合作，推动装备制造、能源电力、农林牧渔、跨境物流、矿产开发等领域合作，建设东北亚经贸合作中心枢纽。以辽宁沿海港口整合为纽带，推进"辽满欧""辽蒙欧""辽新欧""辽海欧""长满欧"等通达欧洲的贸易物流国际大通道建设，构建国际多式联运物流体系。完善口岸功能，深化通关便利化，推动多式联运"一单制"，为国内及日韩等国货物通过辽宁港口北上、西进通达欧洲等国家和地区，提供更加便利快捷高效的服务。统筹贸易投资通道平台建设，持续深化商品、服务、资金、人才等要素流动型开放，稳步拓展规则、规制、管理、标准等制度型开放。继续深化与江苏等地区跨区域对口合作，引进更多先进发展理念、高端人才、技术和资金，通过加强与京津冀、长三角、粤港澳等重大国家区域发展战略的协调对接，合理承接中高端产业转移，推动产业协作与市场共建，积极融入和服务新发展格局，在国内大循环中发挥重要战略支点作用，在国内国际双循环中发挥重要战略枢纽作用。

（七）坚持深入挖掘和开发地域文化资源，大力发展文旅产业，为发挥比较优势提供文化支撑

增强文化自信，充分发挥东北文化资源优势，对东北红色文化资源的传承与发展进行顶层设计，制定合理的红色文化发展战略。深入挖掘和阐

释红色文化资源内涵和时代价值，加强和创新传播机制建设，将资源优势转化为东北振兴发展的精神动能。推动红色文化资源与文化创意产业相融合，使东北独具特色的红色文化资源成为文化产业发展的新亮点和新的经济增长点。挖掘潜在文物资源，加强东北文化遗产的整体性保护，增强"让文物活起来"的使命感和紧迫感，创新文化遗产保护利用工作模式，设立若干衍生性强、附加值高的文化遗产驱动战略示范点，广泛传播文物蕴含的文化精髓和时代价值，构建文化遗产保护和区域协同发展格局。大力发展冰雪旅游产业，避免区域内恶性竞争，形成各具特色的冰雪旅游胜地。发挥东北文艺文化资源，以及演艺集团等专业优势，探索与各类文旅展演项目、沉浸式演艺项目等合作模式，创演东北域内的历史剧目、民族民俗剧目、红色文化剧目等，打造彰显东北文化资源魅力的主题化、常态化、商业化演出，做大做强文艺创演品牌。通过"文化＋""品牌＋""科技＋""产业＋"等多渠道、多维度措施与路径，促进文旅产业高质量发展。

（八）坚持在医疗卫生、竞技体育、社会治理等方面进一步提升水平，不断满足人民对美好生活的向往，为发挥比较优势奠定安定有序的社会基础

进一步加强医疗卫生体系的专业能力和政治素质建设，提升公共卫生应急能力。大力推动综合类别及一批专科类别国家区域医疗中心和医学中心创建工作，加强重点专科建设，形成一批国内一流的重点专科群，全面提升恶性肿瘤、心脑血管疾病、呼吸系统疾病、代谢性疾病、儿科等群众就医需求较大的核心专科能力。以实施竞技体育跃升工程为重点，聚焦奥运会、亚运会、全运会等大赛，在竞技体育中的基础大项和在市场潜力大、社会关注度高、群众喜闻乐见的项目上提升影响力，着力保持"三大球"等体育项目的竞技优势，积极拓展新的项目优势。支持社会资本进入职业体育领域，鼓励发展职业联盟，发挥单项体育协会作用，加强对社会体育俱乐部的职业化、规范化培育，扩大职业、半职业俱乐部规模。大力发展冰雪运动，提升冰雪体育竞技和冰雪经济发展新优势。进一步提升社会治理能力，不断探索和提升"两邻"理念等社会治理创新模式，坚持将"两邻"理念贯穿于基层治理工作各方面、各环节和全过程，真正形成与邻为善、以邻为伴、守望相助的良好氛围，为全国社会治理提供更多更好的经验模式。

第十章　构建长周期发展动力机制　推动东北全面振兴实现新突破

以上几章从提升市场化水平、增强科技创新支撑能力、打破结构性陷阱、做大做强民营经济、完善营商环境、充分发挥区域比较优势几个方面提出了推进新时代全面振兴的着力点，除此之外，构建东北长周期发展动力机制还需要在以下方面重点推进。

一　把推动思想再解放作为新时代东北振兴的切入点，让东北"热"起来

推进思想再解放是构建东北长周期发展动力机制的基础，思想解放深度决定着新时代东北振兴的高度。着力打破因循守旧、故步自封、以官为本、多诺少信、坐而论道、庸政懒政、坐等靠要等思想，树立改革创新、开放合作、服务至上、重信守诺、实干苦干、担当作为、奋斗自强的意识，激发各方面积极性、主动性、创造性。

第一，进一步转变工作作风。通过网络问政、绩效评价、行政督导等方式倒逼官员转变工作作风，引导干部树立和践行正确政绩观，推动干部能上能下、能进能出，形成能者上、优者奖、庸者下、劣者汰的良好局面。弘扬党的光荣传统和优良作风，促进党员干部特别是领导干部带头深入调查研究，问政于民、问计于民、问需于民，扑下身子干实事、谋实招、求实效。通过提升网上可办率、"不见面审批"等制度变革扭转办事找关系的不良社会风气。政府官员要与企业家正常接触、阳光交往，在全社会率先示范尊重民营企业，尊重民营企业家，弘扬企业家精神，提升民营企业的社会地位，营造全社会鼓励创新创业的社会氛围，鼓励民营企业

参与实施重大省级战略、国家战略。打破一些党员干部守摊子、混日子、"躺平"的工作作风，旗帜鲜明地奖励、提拔真抓实干、担当作为的干部，约谈、处理碌碌无为、坐而论道的干部，让党员干部在招商引资、服务市场主体、解决矛盾问题等方面忙起来、动起来，让东北振兴全面热起来，保持正气充盈、朝气蓬勃、热火朝天的工作氛围。

第二，促进党员干部培育精细化思维，弘扬工匠精神。提升政府精益做事能力，改变空喊口号、做事粗糙、虎头蛇尾的工作作风，培育精细化思维，弘扬工匠精神。以促进市场主体发展为己任，建立完善企业诉求问题办理快速反应机制，在招商引资、扶持企业发展、推进园区建设等工作中，把对市场主体的承诺一项一项落到实处，勇于做市场主体的"店小二"、为企业提供"项目管家"服务，着力降低企业制度性交易成本、企业经营性成本，着力满足市场主体日益凸显的服务性需求、个性化需求，建设信用政府、服务型政府。同时，政府的承诺要有底线，不能盲目承诺，要与企业的投资额度、纳税额度、亩均收益等联系起来，把政府承诺与企业承诺结合在一起精细化、阶段化、法治化推进，建设有契约精神的法治政府。改变重口号、争"牌子"、抢"帽子"、不重落实的工作作风，打破把"说了"当成"做了"、把"发文了"当成"落实了"、把"开会研究了"当成"问题解决了"、把"任务分解了"当成"工作完成了"的形式主义，每一项工作都要制定路线图、时间表，明确节点目标，确定考核标准，提升执行力，真正把工作落到实处。不把争得各种"帽子"作为工作的目标，得到"帽子"仅是工作的开始，更重要的是用好"帽子"推进工作创新、做出自己特色、形成可推广的经验。不提没有落实细则的口号，打破以"会议落实会议""以文件落实文件"的形式主义，每一项工作都要制定路线图、时间表，明确节点目标，确定考核标准，提升执行力，真正把工作落到实处。

第三，树立"营商环境就是我们自己"的理念。把完善营商环境上升为区域战略，从共产党人的价值观、初心使命的高度来做好这一工作。各级官员首先要把自己摆进营商环境中，确立"营商环境就是我们自己""改变东北首先要改变自己"的理念，讲诚信、讲法治，提升公务人员的服务精神。推动政府管理从"事前审批为主"向"事中事后监管为主"

转变，推行"把方便留给别人，把麻烦留给自己"的政务服务理念，营造"人人、事事、时时、处处"都是营商环境的工作氛围，形成"不为不办找理由，只为办好想办法"的意识。建立起完善的激励机制、容错机制，加强对敢担当、善作为干部的激励保护，为想干事、敢干事的干部撑腰鼓劲，激发敢闯敢拼的冲劲和斗志，改变"等靠要"的懒政心态。

二　坚持稳中求进工作总基调，着力增强经济发展动能

面对世界百年未有之大变局加速演进，我国面临的需求收缩、供给冲击、预期转弱三重压力以及东北全面振兴、全方位振兴的要求，推进稳定健康持续发展尤其重要，需要处理好短期增长和长期持续发展的关系。

第一，促进各项稳增长政策落地。认真贯彻执行《中共中央国务院关于加快建设全国统一大市场的意见》《扎实稳住经济的一揽子政策措施》等政策举措，深入落实国家、省市的减税降费及退税缓税缓费等助企纾困政策，争分夺秒抓政策落地，尽可能缩短政策时滞，确保政策红利直达基层、直接惠及市场主体和广大群众，推动稳增长各项政策效应加快释放，助力东北企业尽快恢复发展，着力保市场主体、保就业、保民生。通过加大产业基金投资、给予小微企业创业担保贷款贴息、支持"专精特新"企业成长壮大等方式促进市场主体提振信心，推动各类市场主体创新发展，增强经济发展活力和动力。坚持就业优先战略，支持吸纳就业能力强的企业和产业加快发展，完善职业技能培训体系，提升就业水平，重点促进低收入阶层增加收入。在新冠肺炎疫情防控阶段后，利用社会消费大幅增加的契机，支持中小微企业和个体工商户成长，不断提高经济发展的就业带动能力。

第二，着力稳市场预期，发挥有效投资的关键作用。当前国内经济发展面临需求收缩、供给冲击、预期转弱三重压力，其中市场预期决定着企业是否增加投资。稳住市场预期，不仅需要积极的财政政策、稳健的货币政策，更需要加强预期引导，用政策、管理的稳定性来引导企业经营发展预期，让国企敢干、民企敢闯、外企敢投。要加大对市场主体走访排查力

度，点对点解决市场主体在投资中面临的产业链供应链不畅等实际问题，提升企业投资热情。要加大新能源产业的投资，加快提升新能源发电装机容量，积极布局氢能产业，着力解决新能源上网的技术障碍、制度障碍，增加消纳能力。要抓住国家能源双控转向碳排放双控的机遇，带动产业转型升级。

第三，推进重大项目开工落地、达产达效。坚持把重大项目建设作为稳增长、调结构、增后劲的重要抓手，增强项目投资对经济增长的关键支撑作用。进一步加大重点项目谋划力度，推进清单化管理、项目化落实、工程化推进，加速项目前期工作，督导在建项目顺利推进，重点推动"两新一重"领域的重点项目发展。有效解决推进重大项目建设面临的瓶颈制约。坚持问题导向，打通用工、运输、原材料供应等堵点，从金融、信贷、交通物流、服务指导等多个方面为项目建设创造宏观保障条件，加快恢复正常建设进度。政府相关部门要深入企业、工地，实行"一企一策""一项一策"，现场对接需求，协同解决难题，当好企业生产、项目建设的服务员，在促复工、稳经营、增信心上持续发力。不断充实项目储备库。重视项目前期工作，提早谋划，在科技创新、现代服务业、生态环保、社会民生、农村农业等领域，组织实施一批关系全局和长远发展的重大项目。畅通审批绿色通道，加强投资项目在线审批服务，加快推进重大项目前期工作。坚持"资金跟着项目走""要素跟着项目走"的原则，协调重大项目资金、用地等要素保障，安排好政府专项债券项目，优先配套和支持重点领域与重大项目。

三 统筹供给侧结构性改革和扩大内需，把恢复和扩大消费摆在优先位置

优化东北地区经济结构，着力增强消费对东北经济增长的拉动作用，为促进消费创造更便利的条件，释放消费潜力，提振消费信心，完善消费政策，促进消费升级。

第一，把实施扩大内需战略同深化供给侧结构性改革有机结合起来。二者是相互统一、相互促进的关系，当前制约经济稳增长的突出问题集中

在供给质量低、需求不足。因此，一方面要通过高水平供给创造出更大的社会需求，满足人们追求高端产品和服务的美好生活需要，提升市场竞争力；另一方面要创造条件充分释放群众的消费需求，在节假日购物、文化旅游、汽车消费等方面创造出更丰富的场景，提升供给体系的质量和效率，推动实现供需相互促进、共同提升。构建以国内大循环为主体、国内国际双循环相互促进的新发展格局，东北必须牢牢抓住扩大内需这个战略基点，推动消费加快恢复并成为经济增长的主动力。

第二，要加快释放消费潜力，提振市场消费信心。提振消费信心、改善消费预期需综合施策、精准发力，在新冠肺炎疫情防控阶段后，促进服务业领域困难行业加快恢复发展，为扩大消费营造良好环境。要顺应消费需求的新变化，在新能源汽车、养老、休闲、大健康等市场潜力大、民众需求旺盛的领域进一步出台鼓励消费政策，改善消费条件，鼓励市场提供高质量的新型消费，提高居民生活品质，扩充消费增量。受疫情影响娱乐、教育、医疗等领域的线上服务模式发生转变，带动了更多消费线上化和线上线下融合，因此要进一步加强信息基础设施建设，加快构建"智能＋"消费生态体系，大力发展"互联网＋社会服务"消费模式，促进产业和消费双升级。

第三，鼓励东北各省市出台力度更大的刺激消费的政策。鼓励采取发放购物消费券和文旅消费券、合理增加消费信贷等方式提升消费能力，促进消费市场复苏。支持商贸企业转型升级商业模式，培育"沉浸式"、互动式、个性化定制等多种消费体验方式，完善"互联网＋"消费生态体系，鼓励线上线下融合等新消费模式，打造"小店经济"、平台经济等新业态新模式，促进消费新业态、新模式、新场景的普及应用。进一步完善消费政策，在支持"房住不炒"的前提下，根据各地区发展实际适当放松购房限制措施，支持刚性购房者改善住房需求。要深入落实商务部等13部门发布的《关于促进绿色智能家电消费若干措施的通知》，大力开展家电以旧换新活动，推进绿色智能家电下乡，实施家电售后服务提升行动，加速农村家电的更新换代，促进绿色家电和智能家电的普及。要鼓励汽车消费，促进新能源汽车推广应用，用好新能源汽车购置补贴和充电设施奖补资金，加大对小区公共充电桩等领域支持力度。

四　抓住数字经济新赛道带来的新机遇，带动东北产业升级

数字经济是构筑国家和区域竞争新优势的战略选择，抓住数字经济新赛道带来的新机遇，充分释放数字化发展的放大、叠加、倍增效应，掌握未来振兴发展的主动权。"十四五"期间，东北地区科技创新和结构升级处于追赶争先的窗口期，抓住数字经济的新赛道至关重要。

第一，通过"三次赋能"引领产业结构升级。一是加快 5G 等新基建投资，尽快在产业园区等重点区域建成畅通、高效的网络设施，为人工智能、工业互联网、大数据、云计算等数字经济发展打好基础，为结构升级赋能。二是利用完善的 5G 等通信基础设施为智能科技产业赋能，实施工业互联网创新发展战略，打造高质量的工业互联网平台、重化工业云商务平台等，培育壮大数字经济等"新字号"产业。支持企业开发高端工业制造软件，着力攻克行业"卡脖子"技术，逐步发展工业设计软件，并最终向输出系统、输出标准的软件企业方向发展。三是用智能科技产业为传统优势产业赋能，加快"设备换芯""生产换线""机器换人"，促进特色应用场景与智能科技深度融合，为"老字号""原字号"赋能，催生数字工厂、云上生态、智慧供应链等新业态，带动东北传统优势产业焕发新活力。

第二，充分发挥东北地区宏大应用场景优势。东北地区装备制造、冶金、石化等传统重工业基础雄厚，拥有鞍钢、本钢、中国一汽、华晨宝马、恒力石化、中国一重、沈阳鼓风机等重点企业，具有吸引数字经济融合创新的丰富和宏大应用场景，这是东北发展数字经济的优势所在。要把这些应用场景打造为传统产业与数字经济融合创新的资源，全面做好优势产业场景开放和数据归集工作，强化顶层设计、体系建设和应用赋能，细化建设标准，统筹产业大脑、工业大数据、标准库、信息安全等方面的布局，以高标准场景应用激发工业互联网、人工智能等广阔市场，推进产业数字化。以两化融合、智能制造为主线，促进大数据、互联网、云计算、人工智能、区块链等与实体经济在更广范围、更深程度、更高水平上深度

融合，利用数字技术全方位、全角度、全链条赋能传统产业，打造智能工厂、智能车间示范标杆，深入推进"上云用数赋智"，促进东北产业全面向高端化、智能化、绿色化转型。

第三，着力打造数字产业集群。引进和培育一批高水平的数字经济及智能制造系统解决方案供应商。依托哈大经济带软件企业、智能制造企业和科研院所优势，加大政策支持力度，支持数字企业为传统企业提供诊断和数字化改造方案，打造若干个数字经济产业集群。以国家、省级重点实验室为主要载体，建设一批数字化标杆示范项目和融合应用产品，打造具有国际竞争力的数字产业融合创新中心，带动企业发展柔性制造、工业AR和VR等典型工业场景应用。协同推进东北地区数字经济发展，以哈大经济带各城市数字化产业联动发展为重点，打破行政固化边界，深化数字化转型跨区域合作和体制机制改革，建设哈尔滨、长春、沈阳、大连"数字城市联盟"，促进区域产业链、贸易链和价值链的互补耦合，形成推动区域协同发展和产业转型升级的数字化创新体系。大力培育东北地区数据要素市场，制定数据资源确权、开放、流通、交易相关制度，完善数据产权保护制度，扩大基础公共信息数据有序开放，推动公共数据与企业数据深度对接，规范数据开发利用场景，提升社会数据资源价值。

五　增强开放引领，实施更大范围、更宽领域、更深层次的全面开放

把东北地处东北亚中心、沿边沿海等区位优势充分发挥出来，持之以恒推进开放制度创新，完善开放通道建设，抢抓加入RCEP带来的新机遇，以更高水平的开放引领高质量发展。

第一，推进高水平开放的制度创新。推动东北由要素开放向规则等制度开放转变，全面对接国际高标准市场规则体系，加强市场、规则、标准方面的软联通，积极学习借鉴国际成熟市场经济制度经验，把高水平开放与深化市场化改革、高质量发展结合起来，建设更高水平开放型经济新体制，为经济发展注入更多动力、活力。推进自贸区制度创新，坚持"改革不停顿，开放不止步"理念，对标国际经贸规则，在政府职能、人才引

进、环境优化、产业投资、外资管理、金融服务、贸易便利等方面形成更多独创性、突破性的创新成果。深化国际贸易"单一窗口"建设，积极为企业提供 RCEP 成员国最优关税查询服务、最优关税税率智能筹划等新功能，为企业提供更为便利化的服务。充分利用好夏季达沃斯论坛、全球工业互联网大会、辽宁国际投资贸易洽谈会、中俄博览会（黑龙江主办）、中俄地方合作理事会（黑龙江主办）、东北亚博览会（吉林主办）、全球吉商大会等开放平台，创新举办方式。超前研究和主动对接《全面与进步跨太平洋伙伴关系协定》（CPTPP）等国际经贸规则，带动形成更多对外开放制度创新成果。

第二，在东北亚发挥更积极的作用。强化东北亚开放门户功能，致力于引领、促进东北亚各国深化国际合作，拓展合作格局。利用良好的区位条件、东北的自贸区等优势建设高能级东北亚合作平台，深度融入共建"一带一路"，打造向北开放的重要窗口。推进陆海通道建设，把东北打造为向北连通东北腹地及蒙古国、俄罗斯，向南连通山东半岛及环渤海地区，向东连通日本、韩国、朝鲜，向西连通欧洲的枢纽。深度融入中蒙俄经济走廊和"中日韩＋X"模式，深化与日韩合作，研究起草东北地区与日韩产业链合作专项行动计划，在数控机床、工业机器人等领域促进与日韩先进产业链深度合作，促进"补链延链强链优链"。着力推进东北亚经济走廊建设，促进东北中欧班列常态化、健康化运行，促进日、韩通过辽宁港口中转打造"日辽欧""韩辽欧"等海铁联运集装箱班列新品牌。加快沈阳国际陆港建设，打造公铁海航多式联运、现代物流与供应链联动发展、自由港与国际贸易一体化的国际高端港口生态圈。

第三，抓住 RCEP 签署带来的新机遇。把签署 RCEP 作为东北推进产业结构升级和完善产业生态的新起点，利用好原产地规则，加快布局、整合、完善东北装备制造等重点产业链、供应链体系，促进形成具有产业链控制力的技术和产品，降低企业生产成本，扩大出口市场。例如，利用中国和日本首次实现零关税的自贸协定安排，将东北工业机器人、汽车零部件、集成电路、数控机床等产业深化对日产业链合作，提升产业竞争力。针对 RCEP 签署后的相关降税规则，制定扩大产品出口目录，推进东北企业加大出口力度。研究承办面向东北亚和 RCEP 国家的进口博览会，打造商品采购、技术合作、贸易交流、投资促进的高端平台，鼓励跨境电商平台推进与东北亚和 RCEP 国家的"市场采购＋跨境电商"新渠道，让更多东北亚和 RCEP 国家的优质产品进入东北市场，让消费者受益。

第四，在能源、制造业、农业、金融、航运、商贸、文旅以及社会服务等方面扩大对外开放的领域和范围。在工业机器人、汽车整车及零部件、集成电路、数控机床等领域深化国际国内产业链合作，通过延链、补链、强链等举措促进向产业链、价值链高端攀升，突破在产业链上被"低端锁定"的现状，积极培育产业链、价值链组合优势，提升产业竞争力。进一步扩大外商投资市场准入，利用国内稳定的环境优势、完善的供应链产业链优势、巨大的市场优势、丰富的人才优势等，重点在吸引欧盟、日本、韩国等"专精特新"企业、"小巨人"企业、"隐形冠军"企业投资上下更大功夫，完善国内产业链生态，拓展科技、人才等领域的国际合作空间，努力形成具有全球竞争力的开放创新生态，引进用好高端创新人才，吸引更多全球创新要素资源。

六　争取国家更多政策支持，助力
东北全面振兴实现新突破

当前外部环境风云变幻，实现东北全面振兴、全方位振兴需要付出更多努力，同时也要努力争取国家更多的政策支持。

第一，争取国家"15％企业所得税"等强有力政策支持。从根本上扭转东北经济下行的不利态势，要着力争取国家强有力扶持政策，包括税收优惠、大项目落户等。最关键的是争取国家给予与西部地区和海南一样的"15％企业所得税"优惠政策及与海南自贸区、横琴粤澳深度合作区一样的"15％个人所得税"优惠政策，形成东北投资凹地，支持东北传统产业转型升级和新兴产业发展，构建支撑东北长周期发展的内生动力。或者争取给予东北重点功能区税收优惠政策，如自贸区、保税区、进出口加工区、高新区、边贸合作区等；或者争取给予东北重点功能区内的重点产业税收优惠政策，如 IC 装备、工业机器人、航空航天、生物医药等。希望国家能把航空等一些重大项目落在东北。

第二，争取国家支持东北布局国家大科学装置和国家实验室。近十年来，安徽省依托中科大、驻安徽中科院研究所等资源，大力投入，目前在合肥市的已建、在建、拟建和规划布局大科学装置已经达到 12 个，科学装置集聚度处于全国领先水平，成为基础科学的强大策源地，催生了一批新兴产业，值得我们学习借鉴。东北要进一步加强与驻辽中科院研究所、哈工大、东北大学、吉林大学等重点科教单位的协作，争取国家支持"先进光源""超大型深部工程灾害物理模拟试验装置"等大科学装置落地，并在智能制造、工业互联网等领域积极谋划更多大科学装置。

支持东北建设省部共建国家重点实验室。国家科技部提出推进国家重点实验室有效重组，到 2025 年全国要布局 70 多个国家重点实验室。按此要求，东北要依托大学、科研机构优势，重点打造"先进装备智造"省部共建国家重点实验室，具体包括数控装备、机器人、冶金装备、工程装备、航空装备、石化装备、电器装备等关键技术领域，促进创新链、人才链、产业链三链融合。

支持东北建设国家燃气轮机技术创新中心。燃气轮机是我国的卡脖子技术之一，是国家前沿和关键技术，从产业安全和国家安全角度都是核心问题。沈阳的 606 所和黎明公司燃气轮机项目已取得很大进展，正着力打入军用市场，开拓民用市场。目前 GE、西门子、三菱等世界燃气轮机巨头企业占据大部分国际市场，东北急需突破卡脖子技术，提升自主创新能力，建设国家燃气轮机技术创新中心意义重大，希望国家给予大力支持。

第三，争取国家支持东北 IC 装备等新兴产业发展壮大。国家发改委、商务部发布《鼓励外商投资产业目录（2022 年版）》，其中对东北三省的支持目录中包含了高档数控机床伺服装置制造、汽车零部件制造、智能测控装置及关键零部件制造、环保设备、新型医疗器械设备及医用材料生产加工等，希望国家能在新一版目录中增加 IC 装备、工业机器人、工业互联网、生物医药等新兴产业，促进沈阳新兴产业做大做强，实现新旧动能转换。

东北地区近年来 IC 装备产业发展较快，特别是沈阳和大连，芯源微电子、拓荆科技、富创精密等企业上市，集聚了一批 IC 装备企业，初步形成了集群发展态势，具备了做大做强的产业基础，要积极争取国家给予东北 IC 装备产业更大的支持，希望国家集成电路产业投资基金向东北倾斜。

支持沈阳建设国家工业互联网示范中心。东北每年在沈阳主办全球工业互联网大会，是国内重要的互联网大会之一。东北工业互联网产业有一定基础，但产业规模还不大，未来要把工业互联网工作进一步做实，做出特色、做成典范、做大规模，把沈阳中德园建设成为国家级工业互联网产业示范基地，希望国家支持沈阳建设国家工业互联网示范中心，对中德产业园内的工业互联网、智能制造项目给予大力支持。

第四，争取国家支持东北承担大国重器研发企业的发展。大国重器产品技术集成高、投资数额大、研发周期长，对市场经济周期比较敏感，单靠龙头企业独立承担重大技术研发，存在投资风险大、收益不稳定、难以支撑大量投入等问题，沈鼓、沈阳机床、中国一重、中车长客股份、大连重工、大连船舶重工、北方重工、沈阳输变电、新松机器人等都存在这个问题。要积极争取国家对大国重器企业的研发支持，帮助企业增强竞争力，解决卡脖子技术等问题。

争取国家对东北承担研发大国重器项目给予财政、金融、税收等一揽子政策支持，帮助企业研发关键前沿共性技术。支持东北组建大国重器龙头企业牵头的国家级创新平台，如工业机器人、燃气轮机、盾构机、高端压缩机及核电技术装备等。希望国家重大科技专项向东北大国重器企业倾斜。在重大工程招标采购中对大国重器产品，特别是首台套产品给予倾斜，如在布局国家核电站时，对沈鼓 150 万吨乙烯装置、大型压缩机、核电站主泵等在招标采购上给予支持。

第五，支持驻沈央企，特别是军工企业在产业链上更多布局东北企业。近年来国家鼓励军企民企融合发展，推进军转民、民参军，鼓励央企与地方企业融合发展。东北央企多，要进一步争取央企支持，推进央企与地方企业融合。当前军工企业正谋求上新品种、新型号，淘汰部分原有产业链，为地方带来发展机遇，希望国家支持军工企业在产业链上更多布局东北企业。东北民参军企业资源多，能力强，基础好，包括信息工业、装备制造等，有利于东北本地企业与军工企业建立密切关系，在产业链上更多嵌入。

目前在东北的央企总部共 5 家，随着疏散非首都功能的推进，设在北京的部分央企总部将外移，辽宁机床产业有很好的发展基础，希望全国机床产业总部迁移到辽宁，带动机床产业高质量发展。

参考文献

田莹，朱华友，刘志高. 老工业区创意转型及路径依赖突破：一个综述的视角 [J].科技和产业，2012，12（02）：14－17.

姚莉. 中部老工业基地振兴的现状、问题与对策 [J].宏观经济管理，2013（08）：48－50.

卞建平. 遵循老工业区改造规律，选择老工业区振兴策略 [J].中共青岛市委党校·青岛行政学院学报，2005（05）：43－45.

刘伟. 抢抓新机遇，谋求新发展，加快推动周村老工业区振兴崛起 [J].山东经济战略研究，2017（05）：35－37.

张振. 多措并举促进东北等老工业基地振兴发展 [J].中国经贸导刊，2015（27）：48－49.

武文卿. 东北老工业区的浴火重生之路 [J].中国招标，2015（38）：19－20.

刘长民. 加快转调步伐，推动老工业区振兴崛起 [J].山东经济战略研究，2012（03）：19－20.

蔡炳权，任保平. 中国老工业区的个性差异及政策取向 [J].重庆工商大学学报（西部论坛），2007（05）：24－29.

叶振宇. 中西部和东部地区老工业基地振兴发展的五种模式与解构 [J].改革，2017（08）：94－99.

刘艳. 振兴东北老工业区与内蒙古东部地区经济发展之对策 [J].西北民族大学学报（哲学社会科学版），2014（03）：146－149.

夏添. 跨区域老工业区与大都市老工业区转型路径对比——以上海杨浦老工业区和东北老工业区为例 [J].上海经济研究，2015（06）：123－129.

许永继，徐林实．中俄东部老工业区复兴联动发展研究 [J]．哈尔滨商业大学学报（社会科学版），2019（03）：106－115.

王颖．国内外老工业基地振兴政策的比较分析 [J]．辽宁经济，2006（08）：20－21.

张启元．从国外老工业区的转型看辽宁老工业基地的振兴 [J]．理论界，2004（04）：25－27.

崔岩．高速增长时期日本工业区域的建设与中国辽宁老工业基地振兴 [J]．日本研究，2004（02）：39－47.

刘颖．国外发展信息技术经验对东北老工业基地振兴的启示 [J]．黑龙江对外经贸，2011（08）：111－112.

景跃军．欧盟区域政策的作用及对中国东北老工业基地振兴的启示 [J]．人口学刊，2007（05）：50－54.

杨雪．法国东北老工业区振兴中的就业政策——对我国老工业基地振兴的启示 [J]．人口学刊，2004（05）：45－48.

葛竟天．从德国鲁尔工业区的经验看东北老工业区的改革 [J]．财经问题研究，2005（01）：54－58.

吴欣航．推进辽宁老工业基地振兴发展——以德国鲁尔工业区为例 [J]．经济师，2019（01）：160－161.

杜峥平．德国鲁尔区的改造对东北老工业基地振兴的启示 [J]．经济纵横，2007（09）：41－43.

师军惠，谢辉，刘斯琦．湘中老工业区振兴实体经济的对策研究——以娄底市为例 [J]．中小企业管理与科技（中旬刊），2018（10）：63－64.

吴晓研，刘松．振兴东北老工业区视角下吉林省物流产业创新发展 [J]．新西部，2017（30）：54－55.

任璐．鼓楼老工业区发展文化创意产业研究——以创意68文化产业园为例 [J]．现代经济信息，2016（22）：490.

荆涛，田景芝，杜晓昕．东北老工业区背景下产学研联合培养研究生探析 [J]．黑龙江教育（高教研究与评估），2014（02）：69－70.

李亚江．探索老工业区社区管理和服务新模式 [J]．中国民政，2021（02）：50－52.

于丽英．推进上海与东北老工业区区域科技合作的思考 [J].经济论坛，2008（01）：21 - 23.

符林．金融支持传统工业区振兴经验 [J].中国金融，2016（17）：78 - 79.

荣宏庆，常丽，李玮．政府环境在老工业基地振兴中的作用——德国鲁尔区的实践与启示 [J].现代商业，2009（04）：171 - 173.

胡岳岷，任春良．振兴东北老工业基地中的政府角色定位 [J].税务与经济（长春税务学院学报），2004（04）：6 - 8.

张平宇，马延吉，刘文新，陈群元．振兴东北老工业基地的新型城市化战略 [J].地理学报，2004（S1）：109 - 115.

刘凤梅．东北老工业基地复兴的新型城市化道路 [J].行政与法（吉林省行政学院学报），2004（09）：57 - 59.

丁树谦．东北地区资源型城市可持续发展研究 [J].环境与可持续发展，2009，34（04）：47 - 49.

王弘钰，于桂兰．民营企业家的培育模型与东北老工业基地的振兴 [J].人口学刊，2008（02）：56 - 60.

何剑，姜周．东北老工业基地振兴与东北亚区域合作 [J].辽宁师范大学学报，2006（06）：29 - 32.

杨罱．老工业区经济衰退与转型分析 [D].浙江大学硕士学位论文，2004.

杨振凯．老工业基地的衰退机制研究 [D].吉林大学博士学位论文，2008.

娄子雯，陈勇，肖铭．中国建筑活化构想——以沈阳铁西旧工业区为例 [J].建筑与文化，2021（06）：238 - 239.

李鹏洋．东北老基地衰退原因与振兴路径选择研究 [J].今日财富，2021（10）：11 - 12.

董静媚．"十四五"时期东北振兴取得新突破的发展思路 [J].区域经济评论，2021（03）：136 - 142.

刘禹彤，吕彦云．东北老工业基地的发展对策研究 [J].现代交际，2016（18）：35 - 36.

曲伟，曲晓慧，姜春海，徐建中，赵亚楠．新一轮东北振兴的体制机制、区域合作与资源型城市转型 [J]．改革，2016（09）：59 - 67．

王小华．基于外部性理论的国内老工业基地重污染企业退出机制设计 [J]．全国商情（理论研究），2011（05）：21 - 23．

邬小平．东北老工业基地的制度创新和技术创新 [J]．理论观察，2010（02）：51 - 52．

牛晓姝，董继文．贸易、环境污染与经济增长——基于东北老工业基地振兴的一个内生经济增长模型 [J]．工业技术经济，2008（04）：89 - 94．

初楠臣，姜博．哈大齐城市密集区空间联系演变特征——基于东北振兴战略和实施前后的视角 [J]．经济地理，2015，35（03）：67 - 72．

和军，张紫薇．新一轮东北振兴战略背景与重点——兼评东北振兴战略实施效果 [J]．中国特色社会主义研究，2017（06）：33 - 41．

杨天宇，荣雨菲．区域发展战略能促进经济增长吗？——以振兴东北老工业基地战略为例 [J]．经济理论与经济管理，2017（10）：88 - 99．

董香书，肖翔．"振兴东北老工业基地"有利于产值还是利润？——来自中国工业企业数据的证据 [J]．管理世界，2017（07）：24 - 34．

孙久文，苏玺鉴，闫昊生．东北振兴政策效果评价——基于 Oaxaca-Blinder 回归的实证分析 [J]．吉林大学社会科学学报，2020，60（02）：75 - 84．

杨东亮．东北振兴政策实践效果评价与政策启示——基于全要素生产率增长的全国比较 [J]．东北亚论坛，2011（05）：99 - 108．

王建林．东北振兴战略提高了工业企业劳动生产率吗？—— 一个差分内差分模型分析 [J]．国有经济评论，2012，04（01）：78 - 95．

赵勇，刘金凤，张倩．东北振兴战略是否促进了经济结构调整？——基于 PSM - DID 方法的研究 [J]．城市与环境研究，2017（04）：27 - 46．

贾彦宁．东北振兴战略的政策评估及提升路径研究——基于 PSM-DID 方法的经验估计 [J]．经济问题探索，2018（12）：41 - 53．

李怡茜．区域经济政策的集聚效应与选择效应研究——以"振兴东北老工业基地战略"为例 [D]．大连理工大学硕士学位论文，2020．

朱婧．西安老工业区更新策略研究 [D]．西安建筑科技大学，2019．

杨毅锋，田燕．基于综合评价方法的武汉市古田城市老工业区改造实施评价研究［J］．建筑与文化，2020（11）：63-65．

赫曦滢．城市老工业区搬迁改造方略［J］．开放导报，2016（05）：103-107．

刘昱晓．资源型城市老工业区改造思想及技术探析［J］．大众标准化，2021（12）：166-168．

肖骁，李京忠，韩彬，逯承鹏，薛冰．东北老工业区植被覆盖度时空特征及城市化关联分析［J］．生态科学，2017，36（06）：71-77．

王小鲁，胡李鹏，樊纲．中国分省份市场化指数报告［M］．北京：社会科学文献出版社，2021．

樊纲，王小鲁，张立文，朱恒鹏．中国各地区市场化相对进程报告［J］．经济研究，2003（03）：9-18，89．

卢中原，胡鞍钢．市场化改革对我国经济运行的影响［J］．经济研究，1993（12）：49-55．

陈宗胜，吴浙，谢思全等．中国经济体制市场化进程研究［M］．上海：上海人民出版社，1999．

顾海兵．中国经济市场化程度的最新估计与预测［J］．管理世界，1997（02）：52-55．

顾海兵．30年来中国经济市场化程度的实证考量［J］．经济述评，2009（01）：36-42．

常修泽，高明华．中国国民经济市场化的推进程度及发展思路［J］．经济研究，1998（11）：48-55．

江晓薇，宋红旭．中国市场经济度的探索［J］．管理世界，1995（06）：33-37．

王磊，梁俊．中国现代市场体系建设进程评价研究［J］．经济纵横，2021（02）：46-60．

北京师范大学经济与资源管理研究所．2005中国市场经济发展报告［M］．北京：中国对外经济贸易出版社，2005．

杨梅，马奎．中国欠发达地区经济市场化进程及总体评价［J］．理论月刊，2002（05）：109-111．

卢现祥，王素素．要素市场化配置程度测度、区域差异分解与动态演进——基于中国省际面板数据的实证研究［J］.南方经济，2021（01）：37－63.

董晓宇，郝灵艳．中国市场化进程的定量研究：改革开放30年市场化指数的测度［J］.当代经济管理，2010（06）：8－13.

阎大颖．市场化的创新测度方法——兼对2000—2005年中国市场化区域发展特征探析［J］.财经研究，2007（08）：41－50.

张曙光，赵农．市场化及其测度——兼评《中国经济体制市场化进程研究》［J］.经济研究，2000（10）：73－77.

张晓晶．中国市场化进程报告：现状分析与未来预测［J］.管理世界，2004（03）：5－13，155.

孙晓华，李明珊，王昀．市场化进程与地区经济发展差距［J］.数量经济技术经济研究，2015（06）：39－54.

卢现祥．论我国市场化的"质"——我国市场化进程的制度经济学思考［J］.财贸经济，2001（10）：26－30.

吴敬琏，刘吉瑞．论竞争性市场体制［M］.北京：中国大百科全书出版社，2009.

张卓元．党领导市场化改革带来生产力大解放［J］.经济学动态，2021（05）：3－7.

马兴瑞．加快数字化发展［J］.求是，2021（02）：62－66.

李向平．辽宁经济衰退的历史缘由与振兴路径［J］.地方财政研究，2019（01）：4－9，43.

廖敬文，张可云．东北老工业基地经济复原力：一个四维分析框架与实证研究［J］.改革，2019（01）：64－76.

吕炜．深化经济关键领域体制机制改革［N］.中国社会科学报，2018－01－12（5）.

许欣．东北振兴战略演进轨迹及其未来展望［J］.改革，2017（12）：15－24.

李凯．2016东北老工业基地全面振兴进程评价报告［M］.北京：经济管理出版社，2017.

谢地. 新一轮东北老工业基地振兴的若干认识问题 [J]. 东北财经大学学报, 2017 (06): 79 - 81.

陈晓东. 抓住改革关键, 全面振兴东北 [N]. 经济日报, 2018 - 11 - 29 (15).

宋冬林. 东北老工业基地振兴的政治经济学思考 [J]. 学习与探索, 2017 (07): 118 - 122.

杨荫凯. 加快市场取向改革推动东北振兴发展 [N]. 经济日报, 2015 - 11 - 26.

简新华. "所有制中性"是市场经济规律还是谬论? [J]. 上海经济研究, 2019 (05): 5 - 10.

杨果. 抓住三个关键环节促进消费品工业高质量发展 [N]. 重庆日报, 2020 - 01 - 16 (7).

李万军, 张万强. 加快推进数字辽宁智造强省建设 [N]. 辽宁日报, 2021 - 9 - 18 (5).

黄群慧. 国企成为世界一流要"过三关" [J]. 国企管理, 2019 (01): 54.

张万强. 新常态下东北老工业基地供给侧矛盾及改革路径研究 [J]. 内蒙古社会科学 (汉文版), 2016 (04): 1 - 6.

董姝娜, 赵光远. 城区老工业区搬迁改造机制创新研究 [J]. 社会科学战线, 2015 (10): 262 - 266.

Wolfgang Knapp, Klaus R. Kunzmann, Peter Schmitt. A Cooperative Spatial Future for RheinRuhr [J]. *European Planning Studies*, 2004, 12 (03).

Frédéric Leriche, Sylvie Daviet. Cultural Economy: An Opportunity to Boost Employment and Regional Development? [J]. *Regional Studies*, 2010, 44 (07).

M Steiner, U Posch. Problems of Structural Adaptation in Old Industrial Areas: A Factor-Analytical Approach [J]. *Environment and Planning A*, 1985, 17 (08).

Xiaojun Fan, Shanshan Dai. Spatial-temporal Distribution Characteristics of Industrial Heritage Protection and the Influencing Factors in A Chinese City: A

Case Study of the Tiexi Old Industrial District in Shenyang [J]. *Journal of Heritage Tourism*, 2016, 12 (03).

Bing Long-Fei, Xi Feng-Ming, Wang Mei-Ling, Liu Zhe, Wang Zhi-Gang. [Intensive Utilization of Land in Tiexi Old Industrial District, Shenyang, Northeast China]. [J]. *The journal of Applied Ecology*, 2014, 25 (01).

Hao Su, Jie Lei. The Study of Spatial Form Evolution and Remodeling of Old Industrial Area — The Case of Inner Mongolia Baotou [J]. *Applied Mechanics and Materials*, 2013, 2684.

Chang Liu. The Creative Sustainable Development Strategy of Old Downtown Areas—A Case Study on the Regeneration of the Old Industrial District beside Xietang River in Shanghai [J]. *Applied Mechanics and Materials*, 2012, 1976.

Hong Jiang, SiWei Zhang. Renewal Strategies for Old Industrial Areas in the Post-industrial Age—Take "Zurich-West" in Switzerland as An Example [J]. *Science in China Series E: Technological Sciences*, 2009, 52 (09).

Nisreen Zahda, Yuichi Fukukawa. The Significance of Landownership Change in Old Industrial Districts—The Case of Knitting Industrial Accumulation in Sumida, Tokyo [J]. *Architectural Institute of Japan, Architectural Institute of Korea, Architectural Society of China*, 2008, 07 (02).

Huayou Zhu, Sibao Ding. Reconstruction of Industrial Location in View of Industrial Agglomeration [J]. *Chinese Geographical Science*, 2006, 16 (04).

Karel Davids. The Transformation of an Old Industrial District: Firms, Family, and Mutuality in the Zaanstreek between 1840 and 1920 [J]. *Enterprise and Society*, 2006, 07 (03).

Lei Pang. Research on the Impact of Economic Growth of the Northeastern Old Industrial Base on Environmental Pollution—Taking Liaoning Province as an Example [J]. *IOP Conference Series: Earth and Environmental Science*, 2021, 687 (01).

Wang Weiwei. Research on the Development Path of Russian Teaching Innovation in Newly-elevated Undergraduate Colleges in Contemporary Old Industrial Bases based on the Analysis of Big Data [J]. *Journal of Physics: Confer-*

ence Series, 2021, 1744 (04).

Linshan Li, Lihui Yang. Manufacturing Regional division pattern of the Old Industrial Base in Jilin Province [J]. *IOP Conference Series: Earth and Environmental Science*, 2019, 242 (05).

Rui Mu, Yan Li, Yan Fu. Can Government Communication Facilitate Policy Understanding Toward Energy Conservation? Evidence from an Old Industrial Base in China [J]. *Sustainability*, 2018, 10 (09).

Kun Jia, Ya Yuan, Kaihua Fu. Evaluation on Ecological Service Value of Peibei Old Industrial Base based on Land Use Evolution [J]. *Frontier of Environmental Science*, 2017, 06 (01).

박철현. New Perspective of Research on Northeast Region of China: "Old Industrial Ctiy" [J]. *Critical Review of History*, 2016.

Huiling Yu. Study on Linkage Development of Revitalization of the Old Industrial Base in Northeast China and Exploitation of Russian Far East Area [A]. 信息化与工程国际学会. Proceedings of 2016 2nd International Conference on Economy, Management and Education Technology (ICEMET 2016) [C]. 信息化与工程国际学会: 计算机科学与电子技术国际学会 (Computer Science and Electronic Technology International Society), 2016: 05.

Hua Hongjun. On the Way to Developing the Low-carbon Economy in the Northeast Old Industrial Base [A]. Hong Kong Education Society. Proceedings of 2013 International Conference on Economic, Business Management and Education Innovation (EBMEI 2013 V17) [C]. Hong Kong Education Society: 智能信息技术应用学会, 2013: 06.

Cheng Bo Hu, Xiaoou Liu. Deepening the Reform of State-Owned Enterprises and Accelerating the Revitalization of Old Industrial Bases [J]. *Applied Mechanics and Materials*, 2011, 1287.

Xiu Yan Xi. Research on Environmental Optimization Mechanism of the Northeast Old Industrial Base [J]. *Advanced Materials Research*, 2011, 1105.

Dianwei Qi, Li Li. To Pay Attention to Investment in Human Capital and to Revitalize Old Industrial Bases in Northeast China [J]. *Asian Social Science*,

2010，07（01）.

Ying Liu. The Future Developing Mentality Explore on Following Substitution Industries in Resource-Exhausted Cities at Old Industrial Bases in Northeast [J]. *International Journal of Business and Management*，2010，05（03）.

图书在版编目（CIP）数据

新时代推进东北振兴的着力点及对策研究 / 张万强

著 . -- 北京：社会科学文献出版社，2024.6. -- ISBN

978 - 7 -5228 - 3855 - 7

Ⅰ . F127.3

中国国家版本馆 CIP 数据核字第 2024GP8003 号

新时代推进东北振兴的着力点及对策研究

著　　者 / 张万强

出 版 人 / 冀祥德
组稿编辑 / 任文武
责任编辑 / 丁　凡
责任印制 / 王京美

出　　　版 / 社会科学文献出版社·生态文明分社（010）59367143
　　　　　　地址：北京市北三环中路甲 29 号院华龙大厦　邮编：100029
　　　　　　网址：www. ssap. com. cn
发　　　行 / 社会科学文献出版社（010）59367028
印　　　装 / 三河市东方印刷有限公司

规　　　格 / 开　本：787mm × 1092mm　1/16
　　　　　　印　张：13.75　字　数：216 千字
版　　　次 / 2024 年 6 月第 1 版　2024 年 6 月第 1 次印刷
书　　　号 / ISBN 978 - 7 -5228 - 3855 - 7
定　　　价 / 88.00 元

读者服务电话：4008918866

▲ 版权所有 翻印必究